Heibonsha Library

日本アルプス登攀日記

平凡社ライブラリー

Heibonsha Library

日本アルプス登攀日記

ウォルター・ウェストン著
三井嘉雄訳

平凡社

本著作は一九九五年二月、東洋文庫として平凡社より刊行されたものです。

坊主の岩小屋でのウェストン（1913年8月8日撮影）

At 1-5, after nearly an hour that seemed like 5 minutes we turned to descend, reaching the Bozugoya, very leisurely, at 2 o'clock.
Tea proved most refreshing, before starting on our descent to the Akasawa cave, at 2-45, - in spite of the softness of the snow, some very fair glissades lent variety to the way.
On the stony slope near the bottom, we picked up a pair of breeches belonging to Kamonji, & a coat of Seizo's, which had been deposited there for convenience sake, but to the consternation of their owners the garments were found riddled with rents & holes as if by the attack of gigantic moths -
As a matter of fact, they had happened to be laid down in the line chosen by the descent of rough stones loosened by the sun from the snow above = but had I not seen I could scarcely have believed the ravages wrought by the rocks that had pounded them -
It was 4-45 when we once again found the sheltering rock, & soup & curried fowl were the main items of our welcome evening meal at the end of most pleasant & interesting day.

1913年８月８日の日記（部分）

凡例

一、本書は英国のアルパイン・クラブ Alpine Club（英国山岳会）が所蔵するウォルター・ウェストン（Rev. Walter Weston）の手書きのフィールド・ノートから直接訳出したものである。

一、フィールド・ノートは、ウェストンが日本の山岳を旅行中現地で記録したもので、アルパイン・クラブが所蔵するのは四年分である。

一、フィールド・ノートには、それぞれ表紙にウェストンによる標題が書かれている。一八九四年は「ホリデイ・ツアー」（Holiday Tour）と「朝鮮への旅」（Trip to Korea）、一九一三年は「槍ヶ岳（妻を同行）、焼岳、安房峠、平湯、蒲田、雄牛、霞岳、奥穂高岳、白馬岳」（Yari [+O.H], Yake-dake, Abo-toge, Hirayu, Gamada, Bull, Kasumi, Okuhodaka, Shirouma）、一九一四年が「北日本アルプス、富士」（Northern Japanese Alps, Fuji）である。

一、翌日の記述が前日の日付にあるもの、および前日の記述が翌日の日付にあるものは、できる限り当日に移動した。また、現地での標高や気圧が別の頁にあるものも、日付当日に移動した。一八九四年（明治二十七年）の支出関係については、日記の最終頁にまとめて記載されているので、それぞれの該当日に記載し、支出で日付のないものは、地名や宿名により判断した。但し、日付の記入のある支出については、地名と異なるものも日付どおりとした。

一、原文中に後日の書き込みや引用文がある部分は、本人が記入した、関連するところに挿入した。

一、ウェストンによる注は（　）で示した。訳注は〔　〕で括り、文中に挿入した。

一、頭文字だけで記入された人名、地名のうち、明らかなものはフルネームに直した。判断できないものは、頭文字をそのまま用いた。

一、フィールド・ノート中に日記とは別のメモ書きがある。本書では見出しで仮に備忘録とした。

一、本書で日本語をカタカナ（ルビ）で表記したもの（初出および適宜）は、ウェストンが日本語をローマ字表記した部分である。地名には現在の呼称と異なるものもあるが、原文のとおりとした。

一、原文で温度はすべて華氏で表記されている。温度の直後の訳注はその摂氏換算値である。

一、本書には、参考になると思われる図版を訳者により適宜挿入した。なお図版のうち、キャプションの末尾に「N. G. M.」とあるものは、*The National Geographic Magazine*, Vol. ILI, 1921 所収のウェストンの論文 "The Geography of Japan: With Special Reference to Its Influence on the Character of the Japanese People" に、ウェストン自身が提供した図版である。

目次

ホリデイ・ツアー（一八九四年）

七月十六日　月曜日

浦口〔浦口文治。明治五年生まれ。同志社、東京商大教授。この年、通訳を兼ねウェストンと北アルプスに登山。昭和九年、日本山岳会で「ウェストンと歩んだ頃の思ひ出」を講演。これが、三年後のウェストンの叙勲などに発展したと考えられる〕と九時七分の汽車〔ウェストンの当時の住所は神戸市中山手通三丁目一四番地で、時刻表によると神戸より一つ大阪寄りの三ノ宮駅から乗車した〕で神戸を出発。とても暑い。五時、名古屋着。ハミルトン〔ヒーバ・ジェイムズ・ハミルトン。明治二十五年、カナダ聖公会から来日。ハミルトンはこの年、岐阜市岩根町四八番地の岐阜聖公会にいたと思われる。明治四十五年に、日本聖公会中部教区主教になる〕宅の風呂へ行く（チャペル〔アーサー・フレデリック・チャペル。明治二十年に来日。この年にハミルトンと岐阜聖公会訓盲院を開設した〕とは岐阜で合流）。チャペルとハミルトンと一緒に、ボールドウィン〔J・マックイン・ボールドウィン。明治二十二年来日。名古屋市東片端三丁目四三番地に居住した。日本聖公会の牧師〕のところでお茶をいただく。「病ミ明ケ」とのことで、慣れないふるまいには好感が持てない。午後十時、就寝。

ハミルトンとは同等に支払う、それに私のほかに＋浦口の分の二分の一
俥〔人力車〕＝八銭・一〇銭、茶とチップ＝一三銭　計三一銭
神戸―名古屋一等の汽車賃＝四円二二銭
調髪＝一〇銭

H. J. ハミルトン

七月十七日　火曜日

三時半、起床。

五時に、ハミルトンと浦口とともに出発した。とても暑くて煤まみれの旅行になった。富士（フジ）は曇っていた〔当時の東海道線には丹那トンネルがなく、現在の御殿場線を回った〕。五時に東京（トウキヨウ）着。商店に立ち寄ってから、上野（ウエノ）駅から近い名倉屋（ナグラヤ）〔日本橋区室町三丁目にあった〕へ行った。結構な出迎えだったが、いくぶん悪臭が漂う。夕食のあと、浦口と東京地学協会〔ウェストンはこの年、東京地学協会に入会した。事務所は京橋区西紺屋町一九番地〕の書記□□□〔氏名の記入がない〕に会いに行った。玉屋（タマヤ）〔玉屋商店。京橋区銀座三丁目五番地〕で温度計を二円で買った。十一時ちょっと過ぎに宿に戻った。十一時には地震を感じた。暑苦しくて遅くまで眠れなかった。

俥＝二〇銭・四四銭、切手＝三銭　計六七銭
軽食＝五銭・一二銭　計一七銭
名古屋―東京二等の汽車賃W＝四円七〇銭
地図＝六〇銭、温度計＝二円　計二円六〇銭
俥＝二一銭・一五銭、軽食＝一五銭　計五一銭

七月十八日　水曜日

午前六時に上野を発った。ハミルトンは、軽井沢（カルイザワ）で降りて、友人に会いに行った。私は長野（ナガノ）で下車し、藤屋（フジヤ）〔善光寺の門前、大門町にある〕で入浴と食事をした。測候所〔当時の長野測候所、箱清水にある〕へ、気圧高度計と温度計を合わせに行った。

ハミルトンが軽井沢から乗ってきた列車で、午後六時二十五分に出発。直江津（ナオエツ）には遅れて九時二十五分に着いた〔時刻表では九時五分着〕。古川屋（フルカワヤ）〔当時の直江津町直江津二一五番地にあった。ときの主人は古川源七。船便の切符も売ったらしい〕へ行った。よい部屋だが暑い。浴室の上なので暑いし、便所からの悪臭がした。蚤と暑さで、不愉快な晩だった。

東京―直江津の汽車賃＝三円九三銭五厘Ｈ　計三円九三銭五厘
東京の宿、名倉屋＝五六銭Ｈ・五六銭Ｈ、茶代＝一六銭Ｈ・一六銭　計一円四四銭
長野にて俥＝五銭・六銭、昼食とチップ＝七〇銭・五銭　計八六銭
直江津にて一円〇四銭Ｈ、ボート＝四九銭Ｈ、ボート＝九銭Ｈ・九銭Ｈ　計一円六（ママ）一銭
船賃＝五銭六厘Ｈ・九〇銭Ｈ、砂糖＝七銭Ｈ・二銭Ｈ、紙＝六銭　計一円一〇銭六厘
ホテル糸魚川＝九八銭Ｈ、茶＝三銭　計一円〇一銭

これまでの費用、旅費計＝二三円二四銭一厘
直江津への汽車賃＝二円三一銭
宿＝五六銭、茶代＝一六銭、氷＝三銭　計七五銭
〔Hはハミルトンの支出と思われる。割勘をするためであろう。以下同〕

七月十九日　木曜日

六時十五分に宿を出て、糸魚川（イトイガワ）行きの（伏木（フシキ）の）直江津丸（ナオエツマル）に乗船した。宿の主人とは、不快な思いで別れた。彼は質の劣る食べ物を七十五銭で売りつけようとし、結局五十銭で折り合った。食べ物代を五十銭とし、十二銭を要求されたレモネードの茶代（チャダイ）は、水が酸っぱいだけだったので支払わなかった。手拭（テヌグイ）が七銭。

六時四十分―九時三十分〔直江津から糸魚川への通船の発着時間〕。中等三十五銭。直江津から四里のところで名立（ナダチ）を通過した。元は西へ百ヤードほどのところに村があったが、地滑りで壊れ、現在の場所に再建されたという〔文政年間に、隆盛していた村落が海中に崩落した、いわゆる名立崩れ〕。糸魚川には九時三十分に到着。T〇の形をしたオールで四人の男（うち一人は操舵士）が漕ぐ大きいはしけに乗り移った。二人はまったくの裸で、他も褌（フンドシ）だけで赤銅色をしており、私たちのはしけを浜へ引き上げた。手ごろな宿の古川屋（フルカワヤ）〔糸魚川の新屋にあった。直江津と同名だ

が関係はない」へ行った。糸魚川には一本の長い街道しかないが、冬の雪深いときには道路がふさがれるので、どの家にも一階には前につき出した雁木があって、そうした場合でも支障なく通行できるようになっている。

軽い食事のあと、午前十一時に俥で親不知へ向けて出発。数艘を並べた船の橋〔明治二十二年にパーシヴァル・ローウェルが通ったときには、十一艘の船に板を渡して橋になっていた〕で姫川の三角州を渡った。船に水はほとんど入っていない。青海の手前で石灰窯を通った。

青海（十二時）で、申し出により車夫を替えた。親不知へ進み、午後二時に到着。すばらしい絶壁の風景とみごとな海。

注意。かめ岩、猫岩、駒返の崖。子不知（八町）トンネルから親不知、私は歩いて通過、七、八町。二時に着いた。たいへんすばらしい。三百フィートもある花崗岩の絶壁。

低木のしげる岩山のはげたところに碑文がある。この道を開さくした人が刻んだ「如砥如矢」〔明治十六年に新道が開通したおりの富岳磯平の書。現在はここにウェストンの立像がある〕を通過。『詩経』（中国の古典、一流の詩人）からの引用だという。彼が完成させたばかりの道が「矢のように真直で、砥石のように滑らか」との意味である。ハミルトンは帰りがけに、親不知と子不知を写真に撮った。

午後五時に青海に帰着。そして六時に糸魚川。暑さの厳しい旅。海で水浴した。さんざんな夜だった。下痢と胃の痛みに苦しむ。翌朝はほとんど朝食がとれなかった。

夕食＝一〇銭、絵葉書＝二銭、糸魚川へのボート＝二五銭　計三七銭

七月二十日　金曜日

糸魚川にて午前七時計測。

気圧三〇・〇四、気温八二・七五〔二八・二〕、気温八二・七五、気圧三〇・〇〇。〔ウェストンは、この年の旅行に気圧高度計を二台持って行き、その両方で観測した。うち一台は、ロンドンの王立地学協会から借用した山岳用水銀気圧計であった。数値はインチで、換算すると海面値一〇一七・二ヘクトパスカルとなる。気温についても二台で計測している〕。

ハミルトンはよく眠れたらしいが、朝、わずかな下痢と吐き気〔両者が同時に腹痛を訴えたところをみると、食あたりだったと思われる〕。

昨夜、警察官二人の訪問を受けた。一人は職務で来たが、もう一人は個人的に大蓮華（オオレンゲ）〔今日の白馬岳〕などについての情報を寄せに来てくれたのだ。たいへん礼儀正しく親切だった。九時に糸魚川を発った。二人曳きの四台の人力車。車夫は全員、頭はにぶいが礼儀正しい老人だ。人夫の動きはとてもゆっくりしていて、あちこちで長いこと休んだ。姫川の岸に沿って、糸

魚川の村長の家へとたどった。六里と思われた。その少し手前で、（糸魚川の）佐藤巡査から私たちを手助けするよう申しつけられた警察官の山崎〔山崎新吾〕に会った。彼はたいへん礼儀正しく、親切だった。村長〔この前年から、小滝村村長は中倉利忠治で、自宅は山之坊六〇八番地〕の家に一時二十分に到着。気分が優れなかった。体温が一〇一・三℉〔三八・五℃〕度あって、食事ができなかった。

食事はビーフ・ティー〔赤身の牛肉を少量の水で煮出した滋養飲料〕。キニーネの丸薬を飲んだ。ハミルトンも気分が優れない。夜にはどうにか眠ることができた。蚤を寄せつけずによく休めた。

一般の経費として浦口に前渡し＝五ドル〔$と記しているが、日本の円、以下「円」と訳す〕
写真屋＝一五銭、茶＝二銭U　計一七銭
中倉への俸＝一円六〇銭H　計一円六〇銭
〔Uは浦口への前渡し金からの支出と思われる。以下同〕

七月二十一日　土曜日

午前八時三十分計測。

気圧二九・一八、気温七九・五〇〔二六・四〕、気温七九・五〇、気圧二九・一五。
元気に目覚めた。体温もほぼ平熱になった。卵を食べる気にならず、ご飯とココアをとった。
ぐっすり眠れたので、気分は上々だ。

手荷物をまとめて、行李と水筒とリュックサック二つを二人の人夫〔午前四時三十分ころから待っていた〕に渡したうえで、十時に出発した。天候は曇り。松本方面へ街道を数分進み、大所川を渡る橋を越えるところで北西に曲がった。薪山の南斜面をぐるっとまわるでこぼこの小径を進んだ。〔亜熱帯植物〕や陽の光を通さない低木の下を通り、十時二十五分ころ、杉の木と丸石でできた樵小屋を通過した。

十時五十分に大所川の岸千二百五十フィートにある寂しい村、大所に着いた。山岸徳平の家で、ハミルトンと浦口と人夫を待つ。そこの老婦人〔徳平の妻キク〕が私を迎えて、「荷馬車がこんなところまで来たんですか。どうぞお休みください」といって、お茶を持ってきた。

ハミルトンと浦口が通り過ぎるのに気づかず、十一時二十一分に出発する。二十分ほどかけてキシ〔最後の集落、木地屋〕へひとりで登っていった。ここでビーフ・ティーとココアを少し飲んだ。

道は、あちこちに一、二の崖がある山の斜面をくねって登っていった。おいしい水が豊富。ときどき、にわか雨。深靴がずぶ濡れで、ニッカボッカも濡れてしまった。非常に疲れて、たびたび休息しては水を飲んだ。一人ふたり農夫に出会った。温泉（オンセン）の少し手前（一里半）で、八丁坂（ハッチョウザカ）に来た。谷の向こうにせり上がるのがイタタテミネ〔板立て峰か。今日の山名は不明〕だ。いちばん高い地点に着いたあと、乗鞍川（ノリクラガワ）〔大所川の支流、弥兵衛沢の分流の乗鞍沢〕の急流に出た〔硫黄の臭気〕。乗鞍という名の最高点からは、大町（オオマチ）への街道にある千国（チクニ）へ小径が約六里で通じている〔当時、蓮華温泉の近くから、千国揚を乗り越す道があった〕。乗鞍川の川床からは登りになって、山の角を折れて、浴舎の屋根が見えるところへと続く。

〔蓮華温泉には〕五時に到着した。ハミルトンと浦口は、半時間ほど前に到着したとのことだった。

卵を少し食べてから浴室へ行った。三つあり、一つは独立した屋根の下にある。ほかの二つは同じ屋根の下にあって、荒削りの板でわずかに隠されているだけだ。数軒の建物――今は三十五人の客がいる――は、それぞれ一つの屋根のもとに、天井まで届かない間仕切りで数部屋に区切られているだけだ。煙突がないので、薪の火で煙たい。湯治客の騒ぎが聞こえるのは、フルートのように筒抜け構造になっているからなのか？

私たち四人はひと部屋だった。私はハンモックで眠った。床のほうがよく休めただろう。この辺りの人びとは浴室で浪花節をうなるのが好きだと、浦口が教えてくれた。湿気につつまれた場所でうまく反響して、歌が上手に聞こえるからだそうだ。

蓮華温泉への人夫＝六〇銭H　計六〇銭

七月二十二日　日曜日

午前十時計測。

気圧二五・二、気温七五〔二三・九〕、気温七四〔二三・三〕、気圧二五・三。

午後六時計測。

気圧二五・一六、気温七五、気温七五、気圧二五・二六。

朝の祈りをした。ハミルトンが祈禱し、私が説教をした。

ちょっと歩いて王妃が立っている（乗鞍の）山ぎわに登り、異なった温度になっている一連の興味深い温泉を見た。一番低いところが九五〔三五・〇〕度で、他は九九・五〔三七・五〕度（黄金(オウゴン)の湯）、一〇九・五〔四三・一〕度、一一三〔四五・〇〕度、一一八〔四七・八〕度となっている。ひとつは頭痛や痛みにたいへんいいそうで、他にもハンセン病に効くものや、目に効くという「薬師(ヤクシ)の湯」（仏陀の名前のひとつで、この温泉にそれを祀る場所がある）などがあった。私たちが行った広いところには噴気孔がたくさんあり、硫黄の臭気や、泡だって煮えたつ湯の噴出孔であふれていた。硫黄の堆積（湯華(ユノハナ)）は、人びとが自宅の風呂で使うために、乾かして家に持っていく（赤石の湯場で私がもらったのと同じ物〔明治二十五年に赤石岳登山をしたさい、ウェストンは小渋の湯に泊った〕）。

ある地点では、氷のように冷たい水が湧き出て、その数インチ下方には熱湯が噴出していた。温泉の湯は、湧出口から木製の溝で浴室へ導かれている。ときには間欠作用で送られる。風呂の湯は毎日一回、午後に入れかえられる。

夏の間、六月初旬から九月末にかけて、三百人ほどが浴場にやってくる。どの人も自分の食糧は持参せねばならず、茣蓙しかない部屋（畳はない）の代金として一日当たり四銭を支払う。それぞれの部屋の入口には、囲炉裏屋のための場所がある。

十三年か十四年ほど前、噴気孔の近くでガス爆発があり、地滑りを起こしてこれらの浴舎を壊し、何人もの人びとを死なせた。それで、現在はこの場所に移ったのだそうだ。

月曜日の午前三時に案内人が起こしに来ることになっているので、手荷物を準備して整えた。私たちは、九時ころ寝床に入った。でも、ハミルトンはまた気分が優れないし、私も入浴客のぞっとする騒音で眠ることができない。騒ぎは屋外で真夜中まで続いたうえに、部屋に入っても午前二時ころまで続いた。

「気分の優れない友人がいるので、わめき声を小さくして、静かにしてほしい」との私の求めが、真夜中、いちばん熱い風呂で赤銅色になるまで浸っている集団に届けられたが、効果はなかった。うとうとしては、ときどき目覚めた。やっと眠れたかと思うと、「四時だ」という声で起こされてしまった。月曜日になっていた。

七月二十三日　月曜日

午前三時十五分に、蓮華山稜の最高峰、鑓ヶ岳〔現在の白馬岳山頂〕へ私たちを連れて行ってくれる案内人に、私はリュックサック二つを引き渡した。ハミルトンはまだおもわしくなく、行くのはやめることになった。

〔蓮華〕鉱山にて一八九四年七月二十三日午後十二時三十分計測〔この日は時間の記述に前後がある〕。

気圧二四・一三、気温六三・五〔一七・五〕、気温六九・五〔二〇・八〕。

年間四万五千貫目の鉱石が、三つの鉱山から産出される。そのうちの三パーセントが銀である。においを嗅いだあと立ち去った。監督は私に鉱石などをくれ、鉱脈の深さについて私の意見を尋ねた。鉱山では、現在作業中の坑道を見せてくれた。たいへん狭い。低くて湿気がある。

四時五分に温泉を出発。乗鞍の山稜を越え、瀬戸川の谷へ下った。ここで私たち（つまり山崎巡査、浦口、私）〔イギリスでの講演によると、山崎は白い麻の制服で、山頂でも軍剣を帯びていた〕は、蔓で木をなんとも不揃いにまとめて縛っただけの不安定な橋を渡った。五時だった。最初は、月あかりだけだった。

靴が滑るので、ロープを頼りに歩く。ぬるぬるして道はまことに悪く、歩行は進まなかった。たいへん険しい登り下りも過ぎ、私たちは雪の斜面〔標高五千五百フィートほど、最初の万年雪〕を抜け、木もまばらな森林に出た。

鉱山に到着。七時十五分に親切な出迎えをうける。七時五十分に辞した。滑りやすい、ちょっとした斜面を登ると、そこが鑓ケ岳の頂上だった。

一八九四年七月二十三日月曜日、午前十時二十分、鑓ケ岳山頂にて計測。

気圧二一・三〇、気温六三〔一七・二〕、気温七〇〔二一・一〕、気圧二〇・二。

一方が千五百フィートの長さ、三十から三十二度くらいの傾斜の斜面の山峡で、草やハイマツなどが多い。他方には五百フィートほどの山稜があり、近くの山がよく見える。この山稜は蓮華の主稜と雪倉岳(ユキクラダケ)との間にあり、東から北に向かっている。崩れた石の多い斜面を左（東）に目を転ずると、主稜にたどりついた。また右（南）を見ると、大蓮華の真南、最高点である鑓ケ岳へたどることができた。ここは西南〔正しくは北西〕の朝日岳(アサヒダケ)とは雪渓でつながっている。朝日岳は大蓮華より少し低いが、切り立った岩と大量の雪があって、近くの山々の中では最も美しい。

北にある山々も見える。南の方には富士と甲州(コウシュウ)山地、西は立山(タテヤマ)、針(ハリ)ノ木峠(キトウゲ)、富山(トヤマ)湾、能登(ノト)、黒部（クロベ）峡谷。東側の右下は深く切れ落ちているのが見える。ものすごい雪。午前九時五十分、〔白馬岳〕頂上到着。十時四十分にそこを出発した。温泉にて七月二十三日午後六時計測。

気圧二五・〇、気温六九〔二〇・六〕、気温七五〔二三・九〕。注記。ハイマツのグリセード。花が美しくシャクナゲの種類が多い。十二時十分、鉱山到着。鉱山を見学（前記参照）。一時五十分、出発。三時二十分ころ、瀬戸川の温泉側の山稜の上にハミルトンが来ていた。写真を撮った。温泉着四時二十分。夕方、雨。

七月二十四日　火曜日

温泉にて午前六時計測。

気圧二五・二九、気温六四・五〔一八・〇〕、気温六六〔一八・九〕。終夜、雨がはげしい。私の枕も濡れたので、コーモリをあてがった。（山崎の友人、鈴木（スズキ））が私たちの部屋に泊りにやってきた。頭が冷たい。

七時四十五分に、山崎と人夫二人といっしょに中倉（ナガクラ）〔村長〕に会いに出発した。ひどく水を含んで滑りやすい小径。八丁坂（約千五百フィート）を下ったあと、九時三十分（二里）にウド川に到着。食事をして十時に出発。

登り。それから、カシへの連続的な下りが始まった。この間半マイル以上あり、すばらしい野生の木イチゴがたくさんあるが、虻がたくさんいる茂みである。十一時十五分に木地屋（キジヤ）に到着。農家でお茶。十一時三十分に出発。浦口は、すごく歩く。

十二時四十五分、中倉のところに着いた。軽い食事をとってから、中倉——押し出しの立派な人物——に面会した。午後三時十五分に出発。越後（エチゴ）と信州（シンシュウ）（つまり新潟と長野県）の境である、国界（コッカイ）橋といわれる橋へ歩いていった。荷物は手押し車で同じ場所へやってきた。ここからは私たちが手でそれを運ぶつもりであったが、そこには中倉所有の四輪馬車が待っていた。ここを四時三十分に出発し、下里瀬（クダリセ）（姫川（ヒメガワ）の急流）に六時四十五分に着いた。飾り気のない宿だが、丁重な世話。そして特に魚（サカナ）のアメウオ（若い鱒の類）〔やまめ〕のテンプラやじゃがいもなどの食事も最高だった。

姫川の谷の風景がつづき、まことに見事だ。

宿は銭屋（ゼニヤ）〔北安曇郡小谷村下里瀬にあった銭屋茂平という宿。ときの主人は伊藤武栄茂〕だった。私たちの部屋からは、りんごや桃の木のある庭が見えた。ぐっすり眠った。ハミルトンも身体の不調がおさまった。

案内＝五〇銭、温泉の勘定書＝一円一一銭H　計一円六一銭
茶代＝二銭五厘、温泉から中倉まで人夫＝三〇銭H　計三二銭五厘
下里瀬への荷馬車＝五〇銭　計五〇銭
中倉での勘定書＝七五銭H　計七五銭

七月二十五日　水曜日

七時三十分、下里瀬を出発。荷物は馬の荷車(ニグルマ)で運ぶ。千国まで三町の□□ザキ〔記入なし。泥崎のことらしい〕。八時十五分（一里）千国到着。千国には蓮華温泉へ通じる山をつきぬける道があった。天狗(テング)が住むというので、以前は恐れられた天狗原(テングハラ)へは約二里。この原は一里ほどの長さである。

森(モリ)（地図には塩島(シオジマ)とある）〔ウェストンは、明治二十三年地質調査所発行のローマ字版の地図を携帯していた。縮尺は四十万分の一で、これには塩島の地名だけが記載されている。明治三十六年に山梨県の奈良田を歩くときも、同じ地図を使用している〕の手前で谷がずっと開ける。田んぼにはお札があった。戸隠山(トガクシサン)で一銭で買ったもので、これから育つ稲に虫を寄せつけないために、虫除け（虫を追い散らす）と書かれている。十時ころ雨が降りだした。

十時十五分、森に到着した。大町(オオマチ)方面へ行く馬車は出てしまって、俥だけが残っていた。テ

ントと浦口のバッグを除く荷物を、これに積みこんだ。食事のあと、激しい雨の中を出発した。すぐに松川（マツカワ）の広くて石の多い川床を渡った。〔晴れていれば〕そこからの大展望は、この流れの谷に沿って上がったところに、どっしりとした大蓮華と北股谷（キタマタダニ）が見えるはずだった。神城（カミジョウ）（飯田（イイダ））で俥二台が見つかった。そこからはすぐに長い斜面となった。青木湖（アオキコ）の北の山地の東側のへりをまわり、私たちは湖の東岸へ出た。

簗場（ヤナバ）に午後二時十分に着いた。□□□〔判読不能〕が手に入った。

大町にて一八九四年七月二十五日午後六時計測。

気圧二七・一、気温七六・〇〇〔二四・四〕、気温七八〔二五・六〕。

午後四時十五分に大町に到着、ヤマチョウ〔今。大町の八日町にあった。数年後、対山館と改称する〕へ行った〔注記。風変わりな煙突と南側に障子（ショウジ）〕。料金について最初にいざこざ。浦口が適切に処理した。

浦口への前渡し＝二〇銭・五〇銭・五円・二円
下里瀬での勘定書＝五二銭二厘H　計五二銭二厘
森への荷馬車＝四五銭H、茶代＝一〇銭H　計五五銭
大町への俥＝九二銭H、茶代＝二銭H　計九四銭

七月二十六日〔木曜日〕

大町にて午前十時計測。

気圧二七・三、気温七六・五〔二四・七〕、気温七六・五。

鼠と寒さが少し手に負えなかったが、ぐっすり眠って七時に起床。買い物をした。警察に行ったあと、夕食用に神戸牛肉、すももを蒸したもの、ハミルトンが作ったじゃがいものパンケーキを食べた。

七月二十六日、大町にて午後二時計測。

気圧二七・一八、気温八一〔二七・二〕、気温八〇・五〔二六・九〕。

ハミルトンと浦口と私は、黒岳（クロダケ）や五六岳（ゴロクダケ）〔針ノ木峠近くの、現在の蓮華岳〕へのルートとか、人夫について尋ねるために、野口（ノグチ）へ行った。

今までのことを書いた手紙を、プライス〔H・マック・プライス。のちに中国の福建省の主教になる。この年の住居は、大阪の川口居留地三番と思われる〕に出した。この前の日曜日に温泉で書きはじめたものだ。

午後十時計測。

気圧二七・五、気温七二・五〔二二・五〕、気温七三・〇〇〔二二・八〕。

テントの運賃＝九銭H、大町にて牛肉＝一〇銭H　計一九銭
馭者＝一一銭H、ミルク＝一四銭H加算　計二五銭
二十六日、すもも＝二銭H、オーブン＝七銭五厘　計九銭五厘
〔これまでの費用、旅費計＝〕三二円三四銭三厘
浦口に前渡し＝五円、浦口から＝四三銭
砂糖＝一六銭五厘・六五銭三厘　計八一銭八厘
ケーキ＝二銭、修理＝二五銭、切手＝四銭　計三一銭
アルコール＝八銭二厘H、按摩＝九銭H、人夫＝七銭五厘　計二四銭七厘
砂糖＝八銭H、宿＝二円五一銭五厘H、紙＝四銭二厘　計二円六三銭七厘

七月二十七日〔金曜日〕

午前十時計測。
気圧二七・三八、気温七四〔二三・三〕、気温七六〔二四・四〕。
午後六時計測。
気圧二七・三六、気温七八〔二五・六〕、気温七六。

七月二十八日　土曜日

よく眠って、五時に起床。

通運会社（ツウウンカイシャ）からテントと行李（こうり）一つを送り、他の荷物は松本への俥に積んだ。六時四十五分に出発。二十五分で高瀬川（タカセガワ）にかかる橋を渡る。修理中だった。

大町の西にある山々の眺めはすばらしい。色のついたスクリーンの壁が、縞模様をつけたようにせり上がっている。厚い雲で陽の光が和らげられ、歩くのが心地よかった。それに、通りがかりの子どもが時おり挨拶するので、なおさら気持ちよい。

十時十五分に北穂高（キタホダカ）に到着し、薬屋がやっている「とうしや」〔現在の南安曇郡穂高町東穂高六〇六一番地にある〕という、上品で清潔な宿屋に入り、昼食をとった。すばらしい心づかい、外国風のビスケット。

正午十二時に出発し、一里八町で豊科（トヨシナ）に着いた。ここは、この三月の火災でほとんどの家、五百戸を超えて六百戸近くが焼失していた。

長い通りの南端で、涼台（スズミダイ）（涼むテーブル）を見た。それは階段を上がる仕組みで、乾いた松をかぶせてあり、村人が登ればそこで涼めるし、屋根越しになんでも見える。

ここで道が岐（わか）れる。古い道は左の方へ向かっている。それは新しい道（一八八四年ころ作られた）より、やや近道になっている。新しい道は右へ進み、もう少し上流で梓川（アズサガワ）を橋で渡る。私たちは左（二里半ないし三里）に進み、最後に梓川の川原を渡った。水はわずか脛くらいの深さだが、石のある川筋は半マイル以上の幅があった。

城を左側に見て通り、二時四十五分に松本へ着いた。出発からきっかり八時間だ。「アルプス」の展望は雲ではっきりしなかったが、常念岳（ジョウネンダケ）や有明山（アリアケサン）の一部がときどき現れた。

郵便局に立ち寄ったが、私宛の手紙はなく、ハミルトン宛がたくさんあった。信濃屋（シナノヤ）〔松本町東町一一七三番地にあった。幕藩時代は北深志（松本の北半分）の大庄屋で、大信濃屋と呼ばれた。ウェストンは明治二十四年以来、松本ではここに泊った〕へ行った。笹井元治（ササイモトジ）が親切に迎え入れてくれた。

松本での気圧計の表示。

七月二十八日午後六時、気圧二七・八、気温七九・〇〔二六・一〕、気温七七・五〔二五・三〕。

二十九日午前十時、気圧二七・三六、気温七九・〇、気温七八・五〔二五・八〕。

二十九日午後二時、気圧二七・七、気温八七・〇〔三〇・六〕、気温八四・五〔二九・二〕。

二十九日午後六時、気圧二七・六、気温八一・〇〔二七・二〕、気温八一・〇。

三十日午前六時、気圧二七・七七、気温七五・〇〔二三・九〕、気温七四・五〔二三・六〕。

七月二十八日、浦口に前渡し＝五円
穂高の宿屋＝一四銭一厘H、大町から松本への俥＝五〇銭H　計六四銭一厘
按摩＝六銭H、葉書＝四銭、写真＝七〇銭、茶＝一銭五厘H　計八一銭五厘

七月二十九日　日曜日

手前〔通りに面した〕の部屋で寝た。蚤と外からの騒音で、まったく眠れないひどい夜だった。まるで十一の軍団が戦闘をまき起こしたような感じだった。

十時に覚前（カクゼン）〔覚前政吉、通称は政蔵。この年、司祭となって松本に着任した〕の家に行った。私たちは昨夜も訪ねたが、そのときは礼拝で長野へ行っているとのことだったのだ。覚前夫人、ノモタ〔野元田多と思われる〕（プロテスタント教義代理）とメソジスト信徒一人、それにハミルトンと浦口と私とで礼拝。ハミルトンが朝の祈禱を読んで、ノモタが日課を読み、私が五人に対して聖餐をあげた。旅行のさなかでの、心やすまる時間だ。今日の食事には、鮭と日本でいう薩摩芋、それにとうもろこしが出された。

ハミルトンが昨日、写真を現像に出した写真屋の杉浦（スギウラ）〔杉浦平一。松本町縄手で杉浦写真館を営んだ〕という人が、「感謝」（来訪の好意への親切な配慮）のしるしとして菓子（カシ）を持ってきた。杉浦は、私たちが関心をもっている山の——私たちがその写真に入るかどうかはともかく——写

真を撮りましょうかと尋ねて来たのだ。杉浦が来たのは朝食のすぐ後だった。でも私は、友人が写真家だから無用だ、と断わらざるを得なかった。

メアリー・チャプマン〔ジョージ・チャプマン夫人か。チャプマンは、この年は徳島のインマヌエル教会にいた〕に手紙を、プライスに葉書を出した。この晩は、前夜よりもはるかによく眠れた。

七月三十日　月曜日

パン屋が、パン（二十四ケース）を持って来るのを待たねばならなかった。七時四十五分に俥で橋場（ハシバ）へ向けて出発し、ゆっくり進んだ。すてきな朝だったので、道中の後半はずっと歩いた。

橋場には十一時三十分に到着。途中の淵東島（エンドウジマ）とも呼ばれる波多（ハタ）村〔現在は「波田」と表記する〕では、少年一人で生糸二十本をとっている繭釜を見た。

十二時五十分に、二人の荷担ぎ人夫とともに橋場を出発した。稲核（イネコキ）までは、川の右岸にある古い小径にそって行った。今度は水力によって動く、二十本取りの繭釜を見た。大野川（オオノガワ）への道の後半は、あちこち崩れてしまっていた。それほど古い道なので修復もしており、今ではツノダイラ〔梓川の支流、奈川沿いの角ケ平（かくひら）であろう。旧道は、ここから神祠峠（ほこら）を越えて大野川に出る〕までは、この道を通るのが一般的である。

私たちはそこから新しい道を行った。四時五十分、大野川に到着。奥田喜一（オクダキイチ）がやっている宿〔乗鞍高原への入口、前川に面した大野川の集落にあった宿屋。ウェストンは、一年前にもここに立ち寄った〕へ行った。礼儀正しくて思いやりがある。まずまずの夜だったが、蚊がうるさくて閉口した。

温度計は六四〔一七・八〕度に下がった。

浦口に前渡し＝二一銭H
松本から島々まで俥＝七五銭H、昼食＝一二銭五厘H、島々から大野川までの人夫＝五五銭H　計一円四二銭五厘

〔七月三十一日　火曜日〕

七月三十日午後六時計測。

気圧二六・二〇、気温八二・〇〔二七・八〕、気温七五・五〔二四・二〕。

三十一日午前六時計測。

気圧二六・五三、気温六六・〇〔一八・九〕、気温六三・五〔一七・五〕。

五時五十五分に出発。冷えこんで晴れた空、もっとも手前の山稜の頂上から乗鞍（ノリクラ）の全貌が見

える。

檜峠《ヒノキトウゲ》に六時五十分着。正面に焼山《ヤケヤマ》〔今日の焼岳〕が眺められ、右側には霞岳《カスミダケ》〔霞沢岳〕をひかえ、左には白骨《シラホネ》への道が山稜をくねっている。

七時三十分に、そこを発った。ハミルトンは休息所の近くから、山々や梓川〔湯川が正しい。当時の道は、梓川との合流点より一キロほど上流を渡った〕に渡した丸木橋を写真に撮った（人夫は、川には北方から霞沢《カスミサワ》が流入しているという）。

夏村《ナツムラ》〔夏小屋ともいう。前記の渡渉地から西へ一キロのところ。明治期には蕎麦や大豆の耕作のため、夏だけ住む出作り小屋があった〕への激しい登り。九時三十分に着き、十時に出発。峠の頂上へは長いこと登りつめだ。焼山と霞岳との間に神内山《カミウチヤマ》（穂高岳）の眺めが、上部がぼかし写真のように曇って覆われている。十二時五十五分に頂上〔安房峠〕。昼食のため一時十五分まで休んでから、残りの二里ちょっとを下って平湯《ヒラユ》に着いた。四百人がわいわい騒ぐ鉱山（金山《カナヤマ》）〔平湯鉱山。平湯大滝の近くに鉱山事務所があった〕の祭が準備されているところだった。

平湯にて計測。

七月三十一日午後六時、気圧二五・三六、気温七五・〇〇〔二三・九〕、気温七二・五〇〔二二・五〕。

八月一日午前六時、気圧二六・〇〇、気温六四・五〇〔一八・一〕、気温六四・五〇。

大野川で食事＝三〇銭H、茶＝七銭五厘H・一二銭五厘H　計五〇銭

八月一日　水曜日

早朝に起きたが、昨日は人夫二人による荷物が来なかった。

六時四十分に出発。輝かしい朝、谷の向こうに笠岳〔笠ケ岳〕と、私たちの後ろにある乗鞍の一部のすばらしい眺め。道は川にぴったり沿うようになり、短くなった。槍ケ岳から穂高にかけての、広大で険しい山稜のシルエットのある雄大な眺めを（神坂峠の頂上で）、留まって写真におさめた。

九時四十分、蒲田に到着。甚兵衛（亡くなった老人の相続人）〔吉城郡上宝村神坂一一三番地の宿屋の屋号。ときの主人は松下次右衛門。その父甚兵衛は、明治二十三年に死去〕に行ったが、冷遇された。彼はいろいろな言い訳をして、私たちを迎え入れるのを断わった。次のように……。高山の人の予約が入っていて、その人がどこかに行っているので、だれも入れることができないとか。またホダ山（山の樵たち）の祭日のため、笠岳への案内人として来るのは、だれもいない、と。

浦口は、神社で甚兵衛と二回の相談を行ない、私たちがあきらめて立ち去ろうとしたとき、

それを見ていた人〔奥村市次郎。家は蒲田の甚兵衛に近い〕が、自分の家に来ないかと申し出てくれた。私たちはその人の家に行って、よい待遇を受けた。風呂に入ったあと、私たちは中尾（ナカオ）の猟師頭、中島（ナカシマ）〔中島宇右衛門。住居は上宝村中尾〕から来訪を受けた。その人は私たちを案内すると約束したが、蒲田の人たちはたいへん迷信深いので、そのことについては口外しないようにと言われた。

なぜなら、笠岳には神がいて、八月中に、案内人が知らない人と登っていくようなことがあれば、嵐によって農作物に被害をもたらす。神聖な聖域に、このような無礼な侵入をする者たちは、間違いなく罪を負うはめになる。そして罰せられるだろう！　と、いうのだった。これで、以前、私が来て頼んでも断わられた理由が明らかになった〔ウェストンは前年と前々年ここまで来て、笠ケ岳への案内を断わられていた〕。

夕食には、おいしい小さな鱒を食べた。

真夜中に、ナカ〔中島〕（と案内人一人）が来て目が覚めた。甚兵衛が、やはりやめろと言っているとかで、登攀（とうはん）を遅らせようと私たちを口説いたが、私たちはどうしても行くと主張した。若い猟師が、私の肩をもってくれた。

蒲田にて八月一日午後二時計測。

気圧二六・六二、気温八五・〇〇〔二九・四〕、気温八四・七五〔二九・三〕。

午後六時計測。
気圧二六・七五、気温七九・五〔二六・四〕、気温七七・五〔二五・三〕。
二日午前六時計測。
気圧二六・七二、気温七六・〇〇〔二四・四〕、気温七一・〇〇〔二一・七〕。

平湯の宿＝六〇銭八厘H、蒲田への人夫＝一円　計一円六〇銭八厘

〔八月二日　木曜日〕

六時四十分に蒲田を出立。七時十分、中尾（ナカオ）着。そこを七時四十五分に出発した。下って右俣（ミギマタ）の流れに出た。石の川原をかなり長いこと登ってから、川を横切って森林へ入った。まことに骨の折れる道のりだった。密生した藪や木をつきぬけ、滑りやすい苔（こけ）のある丸太や、岩を越えて道を押し進んだ。

一時間でようやくここを抜けて、左俣（ヒダリマタ）という流れの脇の岩の上で、食事のために休んだ。案内人が、松の幹を長い棒で川床から支えて橋を作った。

九時四十分に左俣に着き、穴毛（アナゲ）ノ谷（タニ）を登った。ここは岩が崩れていて、荒々しい雪の斜面（いちばん低いところで五千フィート）がいくつかあり、かなり険しい。右手の崖の岩棚に、燕の

巣があった。左手には滝〔穴毛大滝らしい〕が落ちこんでいる。ひどく曇っていてとても展望を期待できそうにないので、私たちはうしろの岩の下に写真機を置いておくことにした。

岩は険しくなり、登るのはきつかった。やがてかたい草の茂る、滑りやすい斜面が現れた。やっとそこから抜け出すと、しばらくは楽になった。やがて熊や野生の猪がたどる道に出た。再度、雪や崩れた岩を登って、私たちは頂上の稜線にたどり着いた。私たちは双六川（スゴロクガワ）の谷を見下ろした。ここからは、西側からの登頂ができることだろう。

案内人の一人は、ここが最高点だと思って、岩の窪みに火をつけた蠟燭を置いた。しかし、休憩したあと蠟燭を何本か残してさらに進んでみると、右側に山頂が現れた。山稜は、南西から北東へ伸びている。山頂には砕けた平たい岩がたくさん幾重にも規則正しく積み重なっている。タイルのような板が平らに並んでいる様は、とても奇妙だ。

左手にはハイマツに覆われた斜面が、南西の双六沢の谷のほうへ広がっている。

笠岳の山頂にて九四年八月二日、木曜日、午後二時四十五分計測。

気圧二一・〇、気温七二・〇〇〔二二・二〕、気温六一・〇〇〔一六・一〕。

一方、右の北東側には、荒々しく崩れた断崖や斜面が、槍ケ岳の下部に向かって広がり落ちている。眺めは富士（フジ）、立山（タテヤマ）、槍ケ岳、穂高（ホダカ）、飛驒（ヒダ）・信州（シンシュウ）地方の中央部のすべての主要な山頂を見渡すことができた。これなら壮大なはずである。

山頂に二時四十五分に着いて、猟師が作った小さいケルンを見つけた。案内人は、猟師（リョウシ）の他に登攀をなしとげたのはあなたたちだけだ、と言った。

三時三十分に頂上から引き返した。頂上に火山活動の痕跡はないと思われた。私たちは雷鳥を追いかけまわし、私は羽根を一枚手に入れた。下りには登りほどの時間はかからないだろうが、とても夜までに中尾に戻れそうになかったので、頂上のあたりをちょっとぶらついた。頑強な深靴だけではとても手に負えないことは登りでわかっていたので、さらに草鞋（ワラジ）を結び付けると、安全だし歩き心地もよくなった。

七時に左俣に帰着した。このころには陽が沈み、薄暗がりを一時間歩いて、私たちはようやく密生した森から抜け出した。

案内頭の市次郎（イチジロウ）は、見事に行くべき道を見つけだした。八時に右俣に着けて、私たちは無事で何よりだと思った。

火をたいて明りにし、食事をとった。松明（たいまつ）の明り。それから右俣をまっすぐ下るかわりに、私たちは絶壁の岸をよじ登り、今朝、私たちが渡った激流の後半を経て、中尾に抜ける（樵（きこり）の）小径に出た。

一列縦隊の私たち六人〔五人が正しい。浦口文治によると笠ケ岳登山はウェストン一行三人のほか、山本竹次郎と奥村市次郎が案内した〕は、最初は樺の枝で作った松明で行く手を照らした。次には道ばたの小屋から持ってきた樅（モミ）の屋根板で。私たちがとぼとぼ歩くさまは、画題にしたらよさそうだ。

九時五十分に中尾の猟師の頭、中島（ナカシマ）の家に到着した。温かい出迎え。たらいに冷たい水をもらい、食事をし、すっかり落ち着いた。中尾から笠岳の頂上までの距離は、五里といわれる。

これまでの日本の登山で、今回がもっともきつかった。

八月三日　金曜日

八月三日木（ママ）曜日、中尾にて午前十時計測。

気圧二六・二〇、気温七九・七五〔二六・五〕、気温七九・七五。

中島などを写真に撮ったり、猟師についての興味深い雑談ののち、私たちは十一時十五分に出発し、焼岳峠（ヤケダケトウゲ）〔現在の中尾峠〕を通過した。これは外国人では初めてのことだった。

この小径が作られたのは何年か前のことだが、崩壊したままで廃止され、穂高山の麓にある牧場へ牛をつれて行くために、去年やっと再開されていた。ほぼ真東〔正しくは南東〕に谷についで登り、北（左）にある焼山（ヤケヤマ）の頂上近くまで気持ちのよい森を通り、硫黄岳（イオウダケ）（檜峠（ヒノキトウゲ）では、これを焼山と呼んでいた）は南（右）にある〔現在の新中尾峠の南の小隆起を、岐阜側では焼山と呼んだ。当時の峠はその南の鞍部で、ウェストンの述べるとおり、今日の焼岳の岐阜側での名称は硫黄岳だった。

噴火が再開するのは明治四十年の末である」。

焼山峠の頂上にて八月三日午後三時計測。

気圧二三・二四、気温七五・〇〇〔二三・九〕、気温六八・三〇〔二〇・二〕。

ハミルトンと私は、二時三十分あたりに頂上〔中尾峠〕に着き、それから窪みを調べるために、左手の岩に登っていった。そこからは蒸気と硫黄のガスが噴出し、私の帽子を吹き飛ばした。帽子は、全員で探すとしばらくして見つかった。

穂高山の一部と、徳本峠（トクゴウトウゲ）のそばの山が望めた。三時三十分に出発し、岩や笹が密集する滑りやすい小径を越え、森林の中を下った。六時に、峠の麓の梓川（アズサガワ）のほとりの神内（カミウチ）〔上高地〕に着いた。

ハミルトンは、穂高の荘厳な眺めの写真を撮った。ここはそのためには恰好の場所だ。それから私たちは押し進んだ。神内温泉〔文政年間に上口（かみぐち）の湯屋が建造された。六十年を経ているので、廃屋だったであろう。明治末に、ほぼ同じ場所に上高地温泉ができる〕のそばで大工が牛番小屋を建てているところを通った。温泉は、今では梓川の右岸の穴から川の中へ噴き出している。

黄昏が迫ったので、ハミルトンと私は川を渡渉したあと、森林を通って上流へ急いだ。去年の私の穂高への案内人の一人〔上条万作らしい〕が、嘉門次（カモンジ）の小屋〔当時は宮川の小屋と呼んだ〕へ行くところに会った。彼は私に気づくと徳本小屋へ案内し、みごとな鱒十尾を二十五銭で売ってくれた。小屋には空部屋があった。牛追い頭が来て、たいへん親切にしてくれた。のちほど寝床に入ると、十人の大工が現れて、たいそう騒がしかったが、とても親切だった。

天気のよい晩だった。しかし、かなり寒くなった。穂高山の下の部分が遠大に眺められた。

茶代＝九銭・一五銭H、宿＝四二銭H、按摩＝三銭、ワカイヤキ〔不明〕＝三〇銭　計九九銭
砂糖＝八銭H、中尾＝五六銭H、神内＝一二銭五厘H　計七六銭五厘

八月四日　土曜日

六時三十分に小屋を出発した。気持ちよく歩行。途中で写真撮影のために休止して、峠〔徳本峠〕の頂上着は八時二十分。

気圧二三・三五、気温六五・五〇〔一八・六〕、気温六七・〇〇〔一九・四〕。

八時四十分に出発。ハミルトンと私は出（ダ）シノ沢（サワ）のそばで食事をとった。九時五十分か十時だったかに、道中にある木苺をつまんで食べたりしていたので、ちょっと遅れて風呂平（フロタイラ）〔島々谷の二股の南約七百メートルの右岸にあった鉱泉。その一年前、ウェストンはここで陸軍参謀本部陸地測量部の館潔彦に出会った〕に到着した。十一時三十分。卵を食べて十二時十分に出発した。

私のために穂高山と槍ヶ岳の景色を撮りに行く途中だった、写真屋の保里（ホリ）〔松本の辰巳町にあ

った写真屋。主人は保里高政。ハミルトンが依頼した杉浦とは目と鼻の先にあった。槍ヶ岳山荘経営の穂苅貞雄氏によると、このとき撮影に向かったのは、弟子の安藤鶴一郎だった。槍ヶ岳と東南からの穂高岳の写真は『日本アルプスの登山と探検』を飾った〕に道で出会った。

一時四十分、島々（シマジマ）に着。二時十分、案内人といっしょに出発。四時に森崎（モリサカ）に着いた。笠岳の案内二人の写真を撮って、さよならをいい、五時五分に発った。浦口と荷物は松本への俥で先にやった。浦口は道中で別の二台をひろって、私たちに寄こした。それに乗って、私たちは市街地（一里半）へ行った。午後□時〔時間未記入〕に到着。すばらしい一日。

メアリー、コンスタンス〔コンスタンスはウェストンの長兄ジョンの子。メアリーはその母、メアリー・エリザベス・ウェストン。二人は明治二十五年五月に、ウェストンを訪ねて来日したことがある〕やセヴィリーなどからの手紙を受け取った。蚤がおらず、よく眠れた。

風呂平＝一二銭五厘H・一銭五厘H、松本への俥＝四三銭H　計五七銭
ia〔未詳〕＝一〇銭五厘・二銭五厘、中尾から森崎（モリサキ）＝三円六七銭五厘　計三円八〇銭五厘
〔誤差があるが、これまでの費用＝〕四七円四六銭七厘
浦口へ前渡し
森崎・案内人＝七円

八月五日　日曜日

松本にて計測。

〔時間不明〕気圧二七・三五、気温八四・〇〇〔二八・九〕、気温八五・〇〇〔二九・四〕。

〔時間不明〕気圧二七・五三、気温九三・〇〇〔三三・九〕、気温九三・〇〇。

午後六時、気圧二七・五三、気温八八・〇〇〔三一・一〕、気温八六・五〇〔三〇・三〕。

覚前のところに行って、朝の礼拝をした。

覚前が、午後のお茶に長野の杏の缶詰を持ってきた。「この杏は、たいへん最高においしい」〔缶詰に印刷された和製英語〕。

中尾（ナギオ）などで行なわれる雨請イ（アマゴ）の風習について教えてくれた。

村人は黒い犬を選んで川の岸まで連れていき、そこで銃などで撃って殺す。するとその血は川岸にある岩に飛び散る。そして、人びとは近くの山の頂上に行って、川の神は川岸の汚れをきらって雨を降らせ、その血を洗い浄めるだろうと、叫んだり騒音を発したりする。

琵琶湖（ビワ）に行き、竹筒に水を汲んでわが家に走りだす。立ち止まったところに雨が降ると思われているので、彼らは休みなしに自分の土地まで行かなくてはならない。地元まで休まずに着くと、彼らは山へ行き、神が願いに注意をひくよう、太鼓をたたいて騒ぐ。

戦争への奉納が報告されている。兵庫では各地の平野で、愛国的貯蓄について地域の人びとが行なっている。

浦口への前渡し、松本にて八月五日＝五円
郵便＝三銭、按摩＝一五銭・一四銭三厘、両替　計三二銭三厘
コーヒー＝一八銭五厘、紙＝三銭　計二一銭五厘
ホテル代、笹井へ前渡し＝三円H、切手＝四銭　計三円〇四銭
ミルクとバター＝二六銭五厘H、スプーン＝四銭三厘、扇子＝八銭八厘　計三九銭六厘

八月六日〔月曜日〕
松本にて午前六時計測。
気圧二七・八二、気温七五・〇〇〔二三・九〕、気温七二・五〇〔二二・五〕。
少し買い物をして、十時十五分に俥四台で出発した。岩原（イワハラ）〔現在の南安曇郡堀金村烏川岩原〕への途中で、郵便局に立ち寄った。暑いので、人夫たちは気の毒だ。正午十二時に豊科へ着い

て食事をした。一時十五分に出発。

岩原には二時四十五分に着いた。庭に囲まれたすばらしい門のある広大な山口村長（ヤマグチソンチョウ）〔堀金村烏川七〇番地の山口吉人。大庄屋で、建物は江戸時代初期の建築様式を今に残す〕の家に行った。礼儀正しく迎えられ、ここでのお泊りはご不便でしょうが、と言われた。蚊とブヨがひどい。夜鷹の奇妙な鳴き声を聞いた。

常念岳への案内人に、猟師の藤原（フジワラ）〔藤原啓太〕と他二人を取り決めた。

岩原の村長宅にて午後六時計測。

気圧二七・五六、気温八二・四〇〔二八・〇〕、気温八一・五〇〔二七・五〕。

浦口への前渡し、松本にて八月六日＝六円

岩原、六日＝五円

櫛など＝四銭八厘、りんご＝九銭、新田〔豊科の集落名〕茶＝一五銭　計二八銭八厘

松本から岩原への俥＝一円二〇銭H　計一円二〇銭

八月七日　火曜日

ぐっすり眠った。三人の案内人と山口の息子〔常念岳へ同行したのは、村長の娘婿の山口真喜治。

村長の息子誠象は、このときまだ小学生だった〕とともに、午前七時に常念岳へ向けて出発した。家のそばの樹木をぬけ、烏川(カラスガワ)の流れを遡った。行く手には数マイルにわたって、桔梗や百合の鮮やかな草原があり、たくさんの馬に出会った。草を食んでいるもの、下の方にある村落へ秣(まぐさ)を運び下ろしているもの。

いよいよ小径は、木の茂った山の斜面にそって屈曲して進んだ。三時間ほどのうちに、丸太の橋で烏川を二度渡った〔烏川の一ノ沢伝いに登った〕。十時に朝食。十一時に出発したが、それから道はますますでこぼこになり、ときおり、急流の川底に足を踏み入れるところもあった。

案内人たちがずっと遅れたので、十二時に私たちは激流で水浴して待ち、苦情を言った。雲が谷の上部に降りて、雨つぶも少し落ちてきた。私たちは五時間ほど、急流の川床に入って登った。〔水面は今や私たちの下方となったが、水の中を歩いたことも含め〕、砂地の急坂、ハイマツなどの合間にある草地を抜けて、やっと稜線にたどり着いた。

ここから鞍部〔常念乗越〕の西方〔正しくは南〕、左手には常念岳の山頂がせり上がっている。真正面の槍ケ岳山脈は雲で隠れていた。時に七時十五分。鞍部を越えたところの松の中に小屋があるはずだったが、別の場所に移ってしまっていた。それで私たちは作業して、油紙などで仮小屋を作った。

一方、人夫たちは雪どけ水の流れを探しに三町ほど行ったが、それは干上がっていた。

以前あったここの小屋は、高山（タカヤマ）の人によって建てられた。その人は、このあたりの森林から木材を盗んで——地元では売りさばかず——このあたりの山々を松本へぬけて、さらに碓氷峠（ウスイトウゲ）を経て東京まで荷を運んだ。小屋はしばしば、このような目的に使われた。

仏教の僧の念じるお経と鐘の音を、山頂から吹き下ろす風が伝える。そのため常念坊（ジョウネンボウ）、「常に」「祈る」「僧」と名付けられた、とのことだ。

木材の話は、やや大袈裟らしい。鍋冠（ナベカンムリ）〔常念岳の東南にある鍋冠山〕、この名は鍋をひっくり返したような山頂の輪郭から。

八月八日　水曜日

常念岳での野営地にて午前六時計測。

気圧二二・四四、気温五二・五〇〔一一・四〕、気温五三・七五〔一二・一〕。

五時前に起床。オジサン〔藤原啓太（ケイタ）〕は夜明けに二挺の銃をとって、獲物を求めて出かけて行き、黒と白のまだらの鳥を下げて戻ってきた。これに味噌（ミソ）と蕨（ワラビ）〔山岳のシダ類〕、それに苔を入れてスープを作った。イモリがいたが、これは子どものひきつけの治療薬として持ち帰られた。

槍ヶ岳から穂高にかけての稜線の、言葉にいい尽くせない眺望。ものすごい雪、それでも、今年は例年のわずか半分ほどだ。

常念岳の名前の由来――

百年ほど昔、有峰(アリミネ)の人で、田中屋(タナカヤ)という高山の商人が、有峰の谷(の官林)の木材を盗んだ。東京へ運ぶのに公道は通らず、槍ヶ岳の山稜に谷越えで道を作り、松本へ、さらには碓氷峠を東京へこの鞍部を越えた。

私たちの野営地は彼らが建てた小屋のあった所で、古くに、山頂から仏教の僧が鐘を撞き念仏を唱える声が聞こえたと信じられていて、常念坊の頂といわれるようになった。

常＝不変の、念＝祈る、坊＝坊主＝仏教の僧。

七時四十分に野営地を出発し、荒々しい、崩れた変成岩とハイマツを越えて、険しい斜面(四十度かそれ以上)を頂上に向かって登った。鷹にでも襲われたものか、雷鳥の羽があった。八時三十分に頂に到着し、ケルンを見つけた。以前はそこに大天狗(オオテング)と小天狗(コテング)の小さい社があったが、これは雨請いの人びとによって壊され、今ではわずかなかけらが残されている。人夫の写真を置けば天狗の代わりになると、だれかがいった。

雨請いは、(一日あたり六十銭を支払って)わざわざ選ばれた猟師の一団によって組織される。常念坊に登って火をたき、騒音を発し、踊り、岩を転がし落とし、山の神に酒を供え、酒で浄め、山の神に向かって銃を打つ。普通なら、数日のうちに雨が降るということである。

注記。山口家では午前六時、正午、午後八時に、近隣の三地域にそれぞれの時を知らせるために太鼓を鳴らす。それは、それぞれの田に小川の水の流れを切り替えるためである。水が不足しているのだった。

常念岳の頂上にて八月八日午前九時計測。

気圧二一・三四、気温六五・〇〔一八・三〕、気温五五・七〇〔一三・二〕、晴一時曇り。

九時三十分に頂上を離れ、九時五十八分、野営地に着いた。オジサンは雷鳥を一羽、袋に入れていた。この鳥は、冬には白くなる。

午前十一時に野営地を出発し、森林を通りぬけたあと、奥常念沢（オクジョウネンサワ）と一（イチ）ノ沢（サワ）との合流点に到着した。十二時少し前には、最初の雪のところへ下りられた。人夫が米など炊いている間、二時間休憩した。

注記。冷たい水の中に熱した石を入れて沸騰させ、五分間煮た。

最後のところで、ちょっと道がわからなくなったが、ハミルトンと私は、他の人たちより早く、六時三十分に山口家の前の道に出た。山口が私たちに何も告げずに急ぎだしたので、気を悪くしたのかと思ったが、風呂を沸かして準備しておくためだった。

洗濯のあと、川で身体を洗った〔山口家の門の前には小川があり、ウェストンが水浴したことが伝えられている」。よく眠った。だが布団は少なすぎた。
朝は山口から丁寧な挨拶。私はその人に雷鳥をさしあげた。
常念岳への案内人＝二円六五銭H　計二円六五銭
米＝五銭二厘H、山口氏へ＝一円H　計一円〇五銭二厘

八月九日　木曜日

烏川村の山口吉人（ヤマグチヨシヒト）（村長）の家を九時に出発。とても暑い。十時に豊科に着いた。俥をひろって十時三十分に出発。豊科では家を再建している敷地で、隅石の設置を祝う表示があった。二本の松の柱の間に固定した直立の木材には、扇、御幣（ゴヘイ）、弓、大きい三ツ叉の矢や、小さい普通の形の矢が縛ってあった。イチダ〔人物不明〕が、普通の方の矢を土産として私にくれた。

十一時十五分に、軽食のために島内（シマウチ）で休んだ。松本に向けて十一時四十五分に出発した。松本には十二時三十分に到着。郵便局に、シューグドン夫人〔A・シューグドン夫人。神戸市中山手通三丁目二〇番地〕から私に宛てた手紙があった。二時三十分ころ、突然付近一帯にどしゃ降りの雨を伴って、激しい雷雨が起こった。

注記。測候所は郵便局の向かい側で、東京の本庁からの電報を受けて、天気予報についてい

ろんな形や色の旗を揚げている。今日の三つは「変わりやすい―曇り―雨」が出ていた。
覚前のところに行ってココアを飲んだ。それから彼は私といっしょに医者へ行ってくれた。
ハミルトンが熱を出して疲れ切っているので、医者に往診を頼んだ。診断の結果は、ただの過労だとのことだった。

信濃（シナノ）新聞（シンブン）の記者が来て、私たちの旅行について取材を申し込んだ。彼は前にも、たしか去年、私に会いに来たが、そのときは断わった。じつは昨夜も来たのだが、あいにく私たちは就寝しようとしているところだった。私たちは覚前を通じて、旅の印象、宿屋のこと、松本の商人の「難（ムズカ）シイ」作法などについての話を伝えた。

昼すぎに、私のために穂高などの風景を写しに行っていた写真屋の保里を訪れた。すばらしいできばえだ。

保里は、人夫が一日あたり一円二十銭を請求しているといった。私があまりにも速く進むので、恐ろしいとも言っていたらしい！　これはたぶん、突然の訪問のせいであろう。

草鞋＝五銭H、ｉａ＝六銭三厘H、豊科から松本への俥＝四二銭H　計五三銭三厘
〔ウェストンは一年前、槍沢で草鞋が濡れた岩場で滑らないことを知り、登山靴の下に結びつけて使った〕
岩原から松本への荷送料＝二五銭H、鎮痛剤＝一五銭H　計四〇銭

卵＝九銭、ミルク＝二二銭H、砂糖＝七銭二厘H、アルコール＝九銭H　計四七銭二厘
〔今までの集計〕五八円〇三銭六厘
岩原で浦口に前渡し＝一五円

八月十日　金曜日

ひっきりなしの雨降り。一二×一〇サイズのネガ五枚と、黒岳、槍ケ岳、乗鞍、常念岳、穂高山の複製写真を買って、写真屋に三十円支払った。

郵便局へ行き、二時十五分に贄川（ニエガワ）に向けて馬車（バシャ）で出発した。別の馬車がきれいになっているなどといって、馭者がすぐに交替した。別の方のが、本当に帰りがけのものだとわかった。交替した馭者は、数百ヤード行ったところで止まり、免許状を忘れたとのことで、走って戻った。どんよりした、雨降りの旅行。雨にもかかわらず、桜沢（サクラサワ）などの眺めは見事だった。道中のあちこちは浸水していた。五時ころ本山（モトヤマ）に到着した。馭者はここまでで降りてほしいとのことだったが、結局あとで別の馬で彼を帰すことにして、さらに進ませた。

七時に贄川に着いて、奥屋伝兵衛（オクタデンベエ）〔木曾の中山道・贄川宿の脇本陣。ときの主人は陶山伝兵衛〕がやっている宿屋に行った。部屋も何もかもよい。番頭（バントウ）に宿代を尋ねたところ、日本の一流の旅籠（ハタゴ）は一人当たり三十五銭だという。高くないので私たちはすぐに手を打った。これは助かっ

たと、私たちは言い交わした。

ところが主人がやって来て、席上（セキジョウ）（宿泊）が七十五銭で、食事は二十五銭だといった。私たちは、日本人と同じ料金にすべきだと抗議した。しかし彼は、外国人はそう取り決められており、これまでも案内人をつれてきた別の外国人は同じだけ支払っていった、他意はない、といった。私たちは高い料金を受け入れるか、別の宿を捜すかしなくてはならなくなった。すでに時刻もかなり遅くて暗くなっていたので、私たちは留まることに決定した。だが茶代は払わなかった。

私が窓から外を眺めていると、一人の姐さんと目が合った。彼女はばたんと障子を閉めようとしたが、隙間があって、そこから黒い瞳でにらまれた。

Tマネー〔未詳〕＝一銭、松本の勘定書＝五円五六銭　計五円五七銭
本山への馬車＝九五銭二厘H、T〔お茶らしい〕＝二銭五厘H　計九七銭七厘

八月十一日　土曜日
贄川にて午前六時計測。
気圧二六・一四、気温七四・〇〇〔二三・三〕、気温七二・五〇〔二二・五〕、たいへんな降り、

あらし。

豪雨の中、八時十五分に贄川を出発した。平沢（ヒラサワ）（美しい村）の手前の橋の近くで、水かさが増した流れの渦の中で、流れているがらくたを拾おうとしている人たちを見た。黄色い水が、ものすごい勢いで流れていた。道はところどころ冠水していて、深靴がびしょ濡れになった。奈良井（ナライ）につくころには、靴の右足のほころびが大きくなり、引き裂けたので、手拭で縛った。

奈良井の手前十町ほどで、一八九三年三月に作られた橋を渡って、新道（シンドウ）は右に分岐し、鳥居（トリイ）峠（トウゲ）を越えて行く。

奈良井に十時五分に着いて休んだ。それから鳥居峠に行く人力車（ジンリキ）を手伝って押し上げた。頂上にある茶屋へ行って、札（フダ）と覚明（カクメイ）、普寛行者（フカンギヨウジャ）〔覚明は黒沢口を、普寛は王滝口を開拓し、御嶽信仰を広めたので、霊神として崇められている〕の二枚の掛物（カケモノ）を買った。御嶽（オンタケ）などからの売り物の植物を見た。目を楽しませる。筵（むしろ）から筵へ、繭（まゆ）のほこりを払うためには、雷鳥の羽根が（やわらかいので）使われていた。

激しい雨の中を、西の藪原（ヤブハラ）へ下りて行った。荷物を〔木曽〕福島（フクシマ）へ送るため、俥屋（クルマヤ）がきれいに荷造りしなおすのを、長いこと待たされた。

だらだらとつまらない話をしたあと、食事をとった。午後二時七分に出発。荷物は馬車で運ぶよう、俥から出されて積み替えられた。道の造りはよい状態だった。だが、ところどころ冠水していて、浦口やほかの人たちも泥だらけになってしまった。福島への風景は、おもしろいというほどではなかった。

浦口は、宮ノ越から遅れてやって来た。というのは、道の脇に補修のために置かれていた砂利に気づかないで、足を踏み入れてしまったところ、突然、一人の男が飛び出してきて、(「出て行け」と叫びながら)浦口の膝を蹴ったり、彼のポケットにあった私のサングラスを壊したり、襟首をつかんだりして、暴力的に金銭を要求された。結局、浦口とその男は警察に行ったが、浦口は行くのが遅くなってしまうので、告発はしなかった。その男はこの道で、別の人からゆすり取った金を持っていたようだった。

五時に福島に着き、益田屋〔益田屋惣兵衛。ウェストンは、明治二十四年にここに泊った〕へも蔦屋へも行ったが、どちらも私たちを迎え入れてくれなかった。それに水明楼は、席上を八十銭と食事に二十銭を要求した。最後に俵屋〔俵屋孫十郎〕へ行った。ここで、私たちは丁重に迎えられた。温かい風呂と食事をとった。一日中濡れたあとだから、夜は心地よくなった。

贄川＝一円一〇銭、手拭＝一〇銭、T＝五銭H　計一円二五銭
草鞋＝一銭H、掛物＝二八銭、T＝一銭　計三〇銭
藪原にて食事＝一三銭五厘H　計一三銭五厘

贄川から福島まで馬車・人力車＝六五銭H　計六五銭
茶代＝二五銭H、草鞋＝一銭H　計二六銭

八月十二日　日曜日

福島にて午前十時計測、快晴。

気圧二七・五六、気温七八・五〇〔二五・八〕、気温七八・五〇。

二時計測。

気圧二七・五六、気温八四・〇〇〔二八・九〕、気温八三・二五〔二八・五〕。

光り輝き、雲もない朝。周囲に山々があって福島からの眺めはよくない。私の深靴を靴修理屋に持っていった。上松（アゲマツ）の職人が時々こちらに回ってくるとのことだったが、他所へ行っていたらしい。

いつもより早めに風呂（フロ）に入った。こんな田舎では浴舎が小さい。木製の拍子木が常備され、見回りや夜警に用いられている。この宿の行灯の表示にいわく、「浴室から出るときには、次に来る人のために拍子木をたたいて合図して下さい」。松本にあった行灯には、「火（ヒ）ノ用心（ヨウジン）」（火に気をつけて）とあった。

主人の父親といっしょに、水無（ミズナシ）の寺〔水無神社。福島町の産土（うぶすな）社で、拝殿は明治十六年に建て替えられた〕へ駒ケ岳〔木曾駒ケ岳〕を見に行ったが、山は雲で隠れていた。老人は拝む前に手を洗い、口をすすいだ。

すもも、桜、桃、フキノトウ（芽）が入った箱詰めの花を買った。水に浸した。花盛り。よい晩になった。しかし、隣室の人や浴客が騒がしく、また臭気もきつくて迷惑だった。

靴修理屋＝一二銭六厘、花＝八銭H、ミルク＝三八銭　計五八銭六厘

八月十三日　月曜日

人夫が黒沢にある禰宜屋へ行李を送った。午前六時二十二分に出発。最初は曇ってどんよりしていたが、すぐに陽が出た。先週の雨のあとで、木が新鮮な緑色に見えた。黒沢への歩行は、ぎゅうぎゅう詰めのリュックサックを背負っているにもかかわらず快適だった。福島から一マイル半ほどの赤い鳥居〔当時、福島から黒沢へは合戸峠を越え、そこに鳥居がある〕が、山への入口を示している。

道すじの中ほどと後半は、涼しい谷間や、ざわざわという急流や大木の大きな日蔭があって、黒沢の上の丘にある鳥居では、曇っていたのに駒ケ岳がくっきり見えた。雲があったので、絶頂はよけいに高く見えた。

八時二十二分に村の入口に到着。距離は、本には二里半とある。村人は三里といっている。禰宜屋へ行った。ここにもシオヒデン〔拝殿か〕の神社がある。私は焼き印を押してもらい、杖と本と守(マモ)リを買った。

この神社の神主(カンヌシ)、武居(タケイ)重知(シゲトモ)〔禰宜屋と呼ばれた。黒沢の御嶽神社別殿で、武居姓は諏訪神社の神職の家系〕から親切なもてなしを受けたのち、あてがわれた案内人一人とともに、九時十五分に出発した。

田中屋(タナカヤ)〔三岳村田中六七八四番地で、ときの主人は田中新佐衛門。ウェストンは明治二十四年にも御嶽山に登った〕のそばを通った。そこでは以前、ベルチャーと私が人夫の手配を受けた。その先で深く濁ったよどみの近くで川を渡り、御嶽神社(ジンジャ)〔御嶽神社の黒沢口の里宮〕への階段を登っていった。

さらにその先では、農家を通り過ぎた。無人となって、黒い物が散らかったまま放置されていた。木の皮などで作られ、内部はしっかりしている。

一里半ほどで乗鞍がちらりと見えた。松尾(マツオ)小屋の下には雪がある。

登山を記念するたくさんの石があった。一人が百、三十七、三十五〔何の表記か未詳〕。それから、一つの石の上に三つの石が集まって、四人の有名な先達(センダチ)の名がある。別のものは覚明の記念碑、もう一つには覚明の輪郭の肖像が彫り込まれ、目もあり、金箔をほどこした鐘があって、そのすぐ下の岩には赤く塗られた（浮き出た）二本の手もあった。

小屋に十一時二十二分に到着。滝が滝壺に落ち込んでいて、巡礼者が水に打たれていた。一団を写した。

十二時三十五分に出発した。小屋で彼は、外国人旅行者と祈禱をもう一度やってもいい、と申し出た。彼は今朝八時に黒沢から来て、夜までに帰るところだった。彼は黒沢で中座（ナカザ）〔神がかりにより神の言葉を話したり、病気治療や卜占をした〕から、明日の天気はよくなると聞いたから、心配しなくてよいといった。下の小屋で尋ねたときも、そう聞いていた。その人は、天のなせることを人に語らせるが、巡礼者が返事を語るのだと答えた。

美しい落日。雲を浮き立たせる。荷物は六時五十五分に着いた〔御嶽頂上小屋〕。人夫が頑張って運んできた。

ローウェルとアガシーが三年前に泊ったのが、この小屋だとわかった〔パーシヴァル・ローウェルとジョージ・アガシーの御嶽登山は、明治二十四年八月六日である。ローウェルは天文学者でもあり、火星の運河説を出して知られる〕。ローウェルは、日本人を連れて来なかったが、通訳はいたと小屋番がいった。ローウェルが、神降（カミオ）ロシをやっている巡礼者の写真を撮ったということも。

九字御信奉（クジゴシンポウ）（指ねじり）は、天台宗（テンダイ）や真言宗（シンゴン）を通じてインドから伝わり、真言宗の創始者である弘法大師（コウボウダイシ）が中国から導入したといわれる。

頂上小屋にて八月十三日午後八時四十五分計測。

気圧二〇・七五、気温六二・〇〇〔一六・七〕、気温六〇・〇〇〔一五・六〕。

御嶽にて八月十四日午前六時計測。

気圧二〇・六五、気温五六・〇〇〔一三・三〕、気温五〇・〇〇〔一〇・〇〕、頂上快晴。

蚤。小屋番は上松に近い樵（きこり）小屋に、六十四歳の蚤がいるのを知っているといった。六十四年後に、出ていったと思われた蚤が住み込んでいるのを発見したと。

私の質問に、小屋主は剣術を習っていて、射撃を好むので、戦争に召集されるかも知れないといった。頂上の下二里に温泉がある。

すばらしい月が雲に栄える。神降ろしについて長いこと語った。おいしい日本の食事をとり、親切に扱われ、境遇のわりには気分がよかった。

小屋の外の温度計は、夜のうちに四二〔五・六〕度に下がった。頂上では三、四回、水は三分の一インチの厚さに凍る。頂上から二里ほど下に、濁川（ニゴリカワ）の温泉（御嶽（ミタケ）ノ湯（ユ））がある。湯の温度は一二四〔五一・一〕度で、熱いので有名である。特記に価する。王滝（オウタキ）とか田（タ）ノ原（ハラ）から二里半。

たばこ＝七銭、福島から黒沢人夫＝一五銭H　計二二銭

ホテル福島＝一円五五銭H、御嶽人夫＝五〇銭H　計二円〇五銭
本など＝一六銭五厘、Tマネー＝三三銭一厘H　計四九銭六厘

〔八月十四日　火曜日〕

日の出のとき、輝かしい雲が壮観。山がだんだんせり上がるように見え、手前の乗鞍を含めた飛驒(ヒダ)山脈がすばらしい。大蓮華、立山、槍ケ岳、笠岳？　穂高、常念。

頂上では巡礼者の集団が神社に参拝している。太陽に向かって指をつき上げる祓い、たいへん強烈な光景だ。

栩山(トチヤマ)〔御嶽頂上小屋の主人、栩山金太郎〕は、自分の持ち場から堂々と、何も関係がないように見下ろし、神社を維持するための奉納金を差しだした。

神社のうしろで、一組が神懸(カミガカ)りをやっていた。普寛霊人(レイジン)は、天気は午後、一面に曇るだろうといった。東京から黒沢を経て、どうやって来るのだろうか。

小屋主であり、御嶽頂上神社の神主でもある栩山は、何年間も神降ろしを見てきたが、どれも信用していないという。初期の神道(シントウ)はそれをやっていた。何人かの信者は、神道に気を引き寄せるために、人為的に演出されていると思っているが、別の人は、これには超自然的な何かがあると信じている。

盲信状態（硬直症状）にさせるには、いろいろな方法がある。だれもが自分のやり方が良いのだという。この習慣は天台宗や真言宗を通じて流行っている。

山岳の各所には四十六の小屋が散在する。頂上小屋、八時三十分。

岩の上のあちこちに、束ねた女性の頭髪が置かれているのに気がついた。下で、大きな紙の束をもった人たちに会った。それは心配ごとを軽くするためにご利益のある湖の水に浸され、濡らすものだ。以前、この池に入った人は、衝動的な神聖冒瀆のための天罰で死んだ。

日（ヒ）ノ権現（ゴンゲン）神社から、茶色い岩の山頂がよく見える。王滝へ下る道は短距離である。ちょっと遠くに目を下ろすと、粗い灰、鋭い岩。

金剛童子（コンゴウドウジ）小屋〔王滝口の頂上小屋〕が見え、地面は完全にクッションになり、草鞋を脱ぎ捨てた。ここは山頂から一里といわれ、最後の切り替え〔人間界と神域の境界〕の正式の場所なのである。

道はすぐに山稜に沿って、田ノ原小屋へ一直線になる。時間はわずかだが激しい雨につかまったあと、十時に田ノ原（手頃な広さの場所）へ着いた。十一時十分までここにいた。

御嶽の頂上から小坂（オサカ）への道すじに温泉がある。嶽（タケ）の湯と呼ばれ、約二里半。十一時十分に出発し、はじめのうちかなりな雨の中を、それでも中小屋（ナカゴヤ）へ下るために、横たわっている丸太の間を通り、道を横切った。滑って傘を壊した。

中小屋には十一時五十五分に到着。太々神楽（ダイダイカグラ）の絵を見た。スズメノミコト〔天鈿女命（あめのうずめのみこと）〕の功績を描いていると思われる。それは御嶽が開山している間、黒沢で特別に演じられる。巴講（トモエコウ）の一支部は、御嶽への道すがら、自分たちの意義を誇示するために三十円を奉納した。そして下山したあと、朝鮮の戦争〔三月に朝鮮半島に内乱が起こり、清国と日本を巻き込んだ戦争状態になった。八月に日清戦争が始まった〕で天皇が成果をあげる祈願として、別に十五円を納めた。

十二時十五分に中小屋を出た。森を抜けて何の気なしに振り返ると、御嶽の上半分の立派な風景が見えた。普通の人と同じ服装の神主二人が登ってくるのに出会った。それでハミルトンは、中小屋の鳥居で彼らの写真を撮った。そのときには、雲がかかる前の頂上がちょっと見えた。

いくつもの小屋を通り、午後二時ころ回り道をして、王滝の滝、気持ちのよい風景だった。水は崖の面から滑り落ちていて、灰色の日本杉などがあって、輝いたり蔭になったりして美しい効果を醸し出している。出発するとき一人の巡礼者が来て裸になり、滝の下に陣どって大声で祈禱したり、気味の悪いいろいろな光景を繰り返しはじめた。

王滝に進むと、そのはずれあたりに新しい碑があった。普寛行者の登山百周年を記念する、長さ十四・七フィート、横八フィートの岩〔明治二十七年八月建立と彫られた普寛霊神百年祭之碑〕である。今月一日から十五日まで、記念して祭（マツリ）が催されている。シャモニーにある、モンブラン初登のバルマ〔一七八六年に、ジャック・バルマがモンブランに初登頂した〕の記念祭を思い出させる。

道がつけ替えられたため閉店している休み場で、主道から三、四町離れた岩戸（イワト）の奇観を見るようにと、だれかにしつこく勧められた。私たちは案内人の先導で、切り立った岩の雄大な崖へ登っていった。がっしりした岩面の穴は見えないが、二、三か所からものすごい勢いで水が噴出して落ちていた。

それから去年建てられた御嶽神社の新しい社に来た。新しくて上塗りのない木はとてもすばらしく、きちんとしている。表示板には「落書無用（ラクガキムヨウ）」（落書は禁止する、不必要）とある。かなり水のある、もっとすばらしい絶壁の下にある洞穴へ行った。

王滝村へ、前記の村社の神主がやっている禰宜屋〔王滝村二六九八番地にある、王滝口里宮の神職。ときの神官は滝亀松〕へ下って行った。

王滝にて八月十四日、午後六時計測。

気圧二六・七六、気温七六・〇〇〔二四・四〕、気温七六・五〇〔二四・七〕、雨上り、曇り気味。

午後のお茶を飲み、入浴、続いて洗髪。全員とても活き活きした。夜はよく眠れず、不愉快な臭い。かなり風邪気味。眼鏡が壊れた。

御嶽小屋＝七三銭七厘H　計七三銭七厘
Tマネー＝一九銭五厘H、シャンプー＝一〇銭H、人夫＝四〇銭　計六九銭五厘

八月十五日　水曜日

気分がすぐれない。熱が九九・二〔三七・三〕度。人夫に福島へ行李を送らせた。リュックサックなどは自分たちで持った。七時に出発。

川に絵のような橋がある。注意。これは日本アルプスの東側にたくさんある橋の特徴。鞍馬(アンバ)橋はそのよい例で、私たちは王滝から全長約一里ちょっとの長い道のりの末に着いた。橋は緑色の川のゆったりした流れの上、水上百から百二十フィートの高さにあり、両岸は垂直の絶壁の岩に支えられている。その岩は川面の下から張り出しているのが見える。要するに私は、この地方で最高に美しいという印象をもった。

川（王滝川）の向かい側の崩越(クズシゴエ)で、崩峠（橋渡(ハシド)側では沢渡(サド)峠といっている）の登りがはじまる。頂上まで一里とのこと。

下の美しい川を眺めながら、私たちは峠に着いた。すばらしい三十五分（八時十分―四十五分）の道のりだった。頂上では御嶽へ登っていく巡礼者の一団に会った。ここから見ると、鳥居か

ら御嶽を遥かに望むことができる。

九時十分にそこを発った。橋渡へ来て、桟橋（カケハシ）を経て上松へ直接行く代わりに、私たちは橋を渡り、ベルチャーと私が一八九一年に御嶽の山頂から黒沢を経由して、数分間立ち寄ったことのある茶屋で休んだ。主人は私のことを覚えていて、三、四年前、私たちが来たあとだれも通っていない〔外国人が登らなかった、の意〕といった。

葛（クズ）を少し食べ、ハミルトンは橋と茶屋の写真を撮った。それから私たちは十時四十五分に出発して、中山道（ナカセンドウ）の神戸（ゴウド）へ行くいつもの道をたどった。熱は九九・二〔三七・三〕度。

神戸へは十二時に着き、食事などののち、ハミルトンは上松を経て名古屋へ進んで行った。浦口と私は午後一時三十分に逆方向の福島に向かい、二時十五分に到着した。体温九九・〇〇〔三七・二〕度。浦口は一〇〇・〇〇〔三七・八〕度。

俵屋の額（ガク）に、次のようにあった。

「汝の手のひらに水を湛えよ、月が反射して見えるだろう」〔自然の美を素早く見る一例、つまり見えるもの、見えないものでも、自然の美は遠くまで行くことはない〕。

「起床や就寝に時の定めはない、各人が感じて為す」〔中国古典から〕。

「人生は羊の腸の如く何千マイルも長い、しかし名声はかたつむりの角の如く短い」。

赤ん坊が泣きさけんでいる。

王滝の宿＝七五銭H、紙＝五銭、手拭＝四〇銭　計一円二〇銭
橋銭＝二銭五厘、草鞋＝一銭三厘、昼食＝一六銭H　計一九銭八厘
この地点でハミルトンから借りた一〇円に三円上乗せして返した。

八月十六日　木曜日

福島を出発、午前七時十分。昨夜は盆踊（ボンオド）リのため騒がしく、人が眠るまで続いたが、まずまずによく眠れた。

宮ノ越まで行くため、馬車を六時三十分に呼んであったが、七時十分まで来なかった。行李は、権兵衛（ゴンベエ）峠を経由して坂下（サカシタ）〔現在の伊那市で、三州街道と権兵衛街道の分岐点〕へ人夫に送らせた。ミルクが出た。朝食をすませたあとで、私たちを除いてみんな出発が遅くなった。馬車は何とも遅く、値段は中山道のこのあたりでは一番高いといわれ、一里につき八銭だった。八時二十分くらいに宮ノ越に到着した。神谷（カミヤ）峠〔伊那や坂下への駒ヶ岳山脈の二つの峠のうち、最初のものをいう〕の麓で馬車を降りた。八時四十五分。

天気は次第に曇りだした。道は山吹橋《ヤマブキ》で木曾川を渡り、狭い谷にはさまれた急流の川原に沿って登って行く。登るにつれて日蔭になり、たいへん気持ちよかった。はじめは熱があったが、だんだん身体が温まるにつれて歩行を楽しんだ。九時三十分ころ人夫に追いついた。彼は人力車の車夫だから、並の強力のようには歩かなかったが、力強く元気がよかった。

午前十時に神谷峠の頂上に着いた。御嶽のすばらしい眺め。私のアネロイド〔気圧計〕によると標高四千六百フィート（二四・五〇）。頂上には一群の像の前に鳥居があり、美しくて柔らかな芝が少し。石は御嶽に捧げられている。

輝かしい朝、空気は新鮮で光あふれる。

羽淵《ハブチ》を通って下萱《シモカヤ》（三十町）へ下った。十一時十五分に到着し、牛肉のプレスハム、ジャム、お茶のほか、生卵もついた豪華な昼食のあと、十二時十五分に出発。一里六町ほどゆるやかに登って、一時三十分に古い休み家のある峠〔権兵衛峠〕の頂上に到着した。天竜川《テンリュウガワ》の谷の一部や、八《ヤツ》ケ岳《タケ》、甲州《コウシュウ》の山のいくつかのすばらしい眺めを見渡した。

道ばたで休みながら、休み家では流れの淵まで下り、それから登った。小径は原まで下る前に、丘に沿って左に曲がる。原では芝も土も柔らかで、特に杉の木立ちの日蔭に入ると、歩くのも楽しかった。空気が澄んでいるため、はじめ距離は短いと思われたが、実際にはそうではなく、坂下へ着くまでにほぼ四、五マイルも歩いた。

注記。駒ヶ岳からの長い山稜が走り下る。ちょうど三年前、ベルチャーと私はこれを下った。雄大な眺望、あのときの厳しい探検の思い出がよみがえった。

藍屋（アイヤ）〔坂下の旅籠。伊那町伊那三三七三番地で、ときの主人は長田梅十〕の宿へ行った。かなり騒がしい。隣室では日本人の吟遊詩人が、中国の歌をバイオリンの伴奏にあわせて歌っている。しかも合の手つきだ！　盆踊りの最後の晩。外は騒がしい。夜中に雨戸（アマド）を閉めようと行ったとき、どんどんとたいへんな音がした。

福島にて。
切手＝三銭、按摩＝一五銭、修理＝六銭五厘、たばこ＝七銭　計三一銭五厘
宿＝一円四二銭六厘、弁当＝一七銭、福島から宮ノ越への馬車＝三〇銭　計一円八九銭六厘
T＝二銭、□〔未記入〕＝二〇銭、福島から坂下の人夫＝一円一〇銭　計一円三二銭

〔八月十七日　金曜日〕

よく眠った。六時前に起床。朝食のあと、浦口は俥に来てもらうため、警察（ケイサツ）の助けを借りようと出ていった。ミルクを頼んだが、結局来なかった。ゆで卵は崩れてぐちゃぐちゃになった

のが来た！　欲しくもないので突き返した。四十五分たってから、今度は上手にゆだったといって、また持って来た。

浦口は警官に手伝ってもらって、人を雇う取り決めをして戻ってきた。十里あるといわれる上ノ諏訪（カミスワ）〔現在の諏訪市。当時はこのように呼んだ〕へは一台一円。

輝かしくも暑い朝、午前八時四十五分に出発した。松島（マツシマ）を過ぎると、松本へ通じる道から分岐し、平出（ヒライデ）に向かって進んだ。平出（約五里）に着いて昼食をとった。十一時三十分から十二時十五分。

姐さんたちの行儀は不愉快だった。彼女たちは、外国人に慣れていることがわかった。十二から二十歳の、たくさんの少女の集団を追い越した。（わが家で盆祭を過ごしたあと）製糸工場の仕事に諏訪へ戻るところだった。

平出を過ぎてから、道はものすごく悪くなった。浦口の俥屋もそうで、すぐにあきらめて帰さざるを得なかった。そのため私たちは、全部の荷物を一台の俥に載せ、下ノ諏訪（シモスワ）の近くまで歩いた。

どの人力曳きも、「休業期間」〔藪入り〕だといって来ようとしなかった。ついに道にいた一人が首をたてに振った。山々にすっかり囲まれた諏訪湖はよい眺めで、寺院にあるすばらしい青銅の鳥居〔下諏訪の諏訪大社下社春宮の大鳥居〕のそばを通った。

午後四時ころ、上ノ諏訪に着いた。立テ場（タバ）で人びと（特に女性）との気分の悪くなる相談（ソウダン）をして、やっと金沢（カナザワ）へ行く馬車に席がとれた。みすぼらしい車、弱々しい馬、貧相な馭者、おまけに道ときたらさらに悪い。

六時五十五分に金沢に到着したが、宿の一軒では養蚕で忙しすぎるので泊められないと言われ、別の一軒は家族のだれかが死んで葬儀に行っているとかで、だれ一人いなかった。最後に茶店〔金沢宿には、萬屋と近江屋という茶屋があった〕でなんとか宿泊を受け入れてもらえた。私たちはたいへん礼儀正しい待遇を受けた。小さいが強烈な蚊がいた。よく眠った。

坂下＝一円、弁当＝二〇銭、俥＝五〇銭　計一円七〇銭
果物＝二銭、俥＝一円〇五銭・二銭、T＝一銭、たばこ＝一〇銭、ｉａ＝四銭　計一円二四銭
俥＝二五銭、諏訪から金沢への馬車＝六〇銭、果物＝五銭三厘　計九〇銭三厘

八月十八日　土曜日

私は六時五十分に出立。

浦口と道路測量役人（馬車でいっしょの旅行者の一人）は、先に六時三十分ころ出て行った。

私たちは五時三十分に、人夫に行李を持たせて蔦木（ツタキ）へ送り出した。あるいは、もし馬車がそこ

までに捕まえられなかったなら、台ヶ原（ダイハラ）まで。それぞれ、馬車を得られる場所だとはいわれたが、行程のどの宿場も、そうした説明が正しかったためしはない。台ヶ原から一里進んで道が川を渡るところで、完全に通行不能だったので、結局、韮崎（ニラザキ）まで馬車は手に入らなかった。

韮崎への歩きはまことに単調だった。高山の展望がつけ加わることもなく、間近に見えるものも非常に退屈であった。

金沢と上蔦木の途中で、優れた警察官と友人になった。蔦木（八時五十分着）で人夫は別の人に代わった。十時三十分。

台ヶ原に十二時に到着した。昼食ののち、あと一里ほどの道のりだが馬車に乗って発った。馬車で川を渡ったが、渡り方は馭者や馬もびっくりするようなものだった。

台ヶ原の立テ場に着くわずか前、風除ケ（カゼヨ）（風祭（カゼマツリ））、つまり広場に立てて風に備えるまじないのため、御嶽講の先達によって捧げられたものを、青竹をもって通り過ぎる人を見た。昨日ここで、年一回の風祭が催された。農作物の取り入れ前のこの時期に、よく吹く風が来ないよう念じて、村の神社で酒をふるまってなされる。

一時十五分に馬車で台ヶ原を去った。「代理人」が、私たち二人で一時間あたり一里を三十銭だと言い張った。私たちが出発するころになって、私が主張した十五銭に落ちついた。釜無川（カマナシガワ）を渡し船で渡らなければならなかった。韮崎には午後四時に着いた。八月十日の洪水で、何軒かの一階と街路に川の砂が入り込み、多大な被害を与えていたのがわかった。川の砂がたまっている現場がいくつもあった。私たちの行李にも、一人分の料金を支払った。四時三十分に韮崎を出発。うしろの馬車の酔った馭者の行為には不服だった。彼の馬は乱暴にも、私たちの馬車に今にもつっこんでくるところだった。

甲府（コウフ）に六時四十五分。到着する前に雨になった。韮崎に着くまでに、私はかかとに水疱ができてたいへん痛かった。郵便局に行き、HK&SB会社（横浜）〔香港上海銀行の横浜支店。ウェストンは旅先から、自分の預金からの送金を依頼したのであろう〕からの小切手を受け取った。二十九円九十銭。浦口を待っている間、郵便局の向かい側の絹織物店が、休憩を快く認めてくれた。□□□〔宿名記入なし〕へ行った。すばらしい宿。ここで私たちは心づくしを受けたが、客の騒音ときたら、快適さを打ち消すほどだった。

安らかに眠れた。

宿〔前夜の金沢での料金〕＝九一銭六厘、卵＝一二銭、T＝八銭、金沢から台ケ原への人夫＝八〇銭

計一円九一銭六厘

〔今までの集計、誤算がある〕八三円六三銭五厘

〔以下、支出の五行が判読不能〕

八月十九日　日曜日

主人がすばらしいボタンキョウ、大きくて緑色のすもの一種、を持って来た。たいへんおいしい（台ヶ原で、ぶどう一箱を約六銭で買ってあった）。

額。「青空を見よ」。

つまり、あなたの前にある風景の美しさに見とれよ。建物の屋根で景色がさえぎられるので、少し拡大解釈を必要としている。

私たちが来てからほとんどずっと雨降りで、今は殊にしつこく激しい雨が降っている。別の掛物は、甲府の近くの田原（タワラ）の滝の美しい眺めを描いている。

八月二十日　月曜日

銀行へ行き、二十九円九十銭の小切手を現金にした。そこから馬車の溜り場へ。鰍沢（カジカザワ）へ向かって十時十五分にここを離れた。いやな臭いがする旅。蛇籠（じゃかご）。

釜無川を渡る橋が十日の洪水で流失したので、ウズバラ〔甲府の西南にある臼井阿原らしい〕で馬車を降り、一部を渡し船で行き、それから歩いて渡った。向こう岸に着く直前に、むき出しだった足を石でひどく傷つけてしまった。私の財布は放り出されて、さっと流されたが、そのとき私より下にいた人夫が、何とかつかみ取ってくれた。水に浸かってちょっと湿ったことを除けば、被害はなかった。

だが、砂利は私の右足の指にある、水疱でぶかぶかの皮膚に入りこんだ。それを除くために皮膚を切り裂いたが、後々まで苦しむことになった。

身体を拭いて着替えをしたあと、馬車で鰍沢へ向かった。二時に到着。親切な警察署を通じて人夫（その人は、たまたま行くところだった）をつかまえた。三時に身延（ミノブ）を目指して、霧雨の中を旅立った。道は□□□〔判読不能〕で、足を引きずっているので、早くは進めなかった。つまらない風景と濁った川が、よけいに陰鬱だった。

渡し船で二回、川（富士川（フジカワ））を渡り、四時三十分に切石（キリイシ）に到着した。そこでは、私たちはこの先一番いい進み方を、警察官といっしょに練った。結局、午後五時に出発して、飯富（イイトミ）をすばやく通りぬけた。ここで私たちは、早川（ハヤカワ）の急流を越える最終の渡し船をつかまえられた。

三十分程度、石や砂だらけの川の残り部分をとぼとぼ歩き、下山（シモヤマ）まで黄昏の重苦しさの中をてくてく歩いて、私たちは下山へ着いた。予定していたホテルは火事で消失していたが、ついに□□□〔宿名の記入なし〕で、頼みになるところを見つけられ、なんとかうまくいった。設備はそれほどよくなかったが、人びとは礼儀正しく丁寧だった。

蚊と暑さのため、よくは休めなかった。

果物＝三銭五厘、船＝五銭、弁当＝二五銭　計三三銭五厘

八月二十一日　火曜日

七時十分に身延に向かって出発した。富士川の右岸に山がせり出したところをまわって、霧雨の中を一時間歩いたのち、寺院〔身延山久遠寺〕の近くの田舎家に着いた。

特別の計らいで僧の案内を受け、寺院を一巡した。狩野光信（カノウミツノブ）〔狩野派六代目の画家。代表作に洛中洛外図などがある〕の描いた、小さな「宝物」。遺骨を納めた真骨堂。

日蓮（ニチレン）の遺骨は、美しい棺の中に安置されている。高さ二フィートほどの、立派な浮き彫り細工が施された赤銅（シャクドウ）（合金）の柱と、銀の台座（蓮の花の形）に支えられていた。さらに台座は翡翠でできている、同種だが逆の形の花台の上に置かれている。棺のてっぺん（美しい漆塗り）からは、真珠、珊瑚、ガラスの玉の総（ふさ）が吊るされている。金箔を施した漆塗りの戸は閉じていて中は見えなかったが、案内してくれた僧は、その前でひざまずいて拝んだあと、近づいて戸を開けて見せてくれた。

次の戸もさらにその次の戸も、一つひとつ拝んでは開け、閉めるときも同様に一つひとつ拝

んで閉ざされた。棺を安置するためのこの部屋は、金箔やさまざまな色で輝いており、この種の場所としては最高にきらびやかで、私が日本で見たうちでは最高のものという印象である。もっとも、この部屋は八角堂の中にあるが、その堂自体は上部に絵があるだけの漆喰の建物で、見かけはいかにも貧相である。

建物を見物したのち、たいへん長く深く続く石段を下り、村におりて来た。そのあと私たちは谷を歩いて下り、突端をまわって、二マイル足らずで富士川の右岸にある大野（オオノ）の村へ来た。しばらくして、私たちは乗組員四人の買切（カイキリ）で、岩淵（イワブチ）まで川を下った。これは、十一時から午後二時三十分までかかった。

朝は晴れて澄みわたり、舟下りの後半で幸運にも富士を見ることができた。

岩淵から、私たちは三時二十七分の列車で国府津（コウヅ）に行き、さらに湯本（ユモト）への路面電車に乗った。人夫や周りに集まってくる人たちの仕草や話し方を見ると、「開化した日本」、世界を歩き回る人たちが足を踏み入れることのできる場所、にいるということを実感している。

塔之沢（トウノサワ）の玉ノ湯（タマノユ）に歩いて行き、そこでさわやかな入浴と裕福な夕食を受け、ゆっくりした休息をした。五週間ぶりにベッドの上で、清潔さと心地よさをじっくりと味わった。

按摩＝五銭、下山の宿＝九一銭　計九六銭

身延（案内）＝一二銭、□〔未記入〕＝一五銭五厘、卵＝一〇銭　計三七銭五厘
鰍沢から大野の人夫＝七〇銭、弁当＝一〇銭　計八〇銭
大野から岩淵の船（買切）＝三円五〇銭
岩淵から御殿場の切符＝六〇銭・三〇銭、T＝一四銭　計一円〇四銭
弁当＝一〇銭、塔之沢U＝三〇銭　計四〇銭
散髪＝二〇銭、塔之沢W＝二円二六銭　計二円四六銭
弁当U＝二〇銭、切手＝二銭　計二二銭

八月二十二日　水曜日

宮ノ下（ミヤノシタ）へ歩いて行った。富士屋（フジヤ）に着いた。チェンバレン〔バジル・ホール・チェンバレン。明治六年に来日し、海軍兵学寮（のちの東京帝国大学）の教授。三十八年まで滞日し、言語、民俗などの著書が多い。当時、富士屋ホテルに居住した〕と昼食とお茶をともにした。ハリス医師〔横浜山手二三四番地のジェイムズ・ハリスと思われるが、富士屋ホテルのレジスター・ブックには、このときG・ハリス・パーセルの名もある〕に会った。

お茶のあと、芦ノ湯（アシノユ）への道を、チェンバレンとスターディ〔ペリー・スターディ。金沢から来て十四日から富士屋に宿泊していた〕とともに散歩した。帰着の直前にタイソンさん親子、エドモ

当時の宮ノ下・富士屋ホテル

ンズ夫人〔W・J・エドモンズ夫人。大阪市居留地九番〕、ミス・バラード〔バラードはこの年、東京麻布の聖ヒルダ・ミッションにいた〕などの箱根からの一行に、思いがけなく出会った。

私は主教〔エドワード・ビカステス。明治十九年に主教として来日し、翌年、日本聖公会を結成。二十三年には、ウェストンを神戸ユニオン・プロテスタント教会のチャプレンに任命した〕の客としてその部屋に招かれ、タイソンさん〔二人〕、フォス〔ヒュー・ジェイムズ・フォス。神戸の聖ミカエル教会の牧師で、大正九年に覚前政蔵と神戸海員ホームを設立する〕、チョルモンディレイ〔L・B・チョルモンディレイ。この年は、東京芝の聖アンデレ教会にいた〕、ミス・オザキ〔テオドラ・オザキと考えられる。

慶應幼稚舎の教師などをし、明治三十九年に尾崎行雄夫人となる〕などの人たち、主教の一行と食事などをした。たいへん親切に歓迎され、楽しい晩となった。

たくさんの人からの手紙を見つけた。メアリーとコンスタンス〔六月二十九日付〕、ボブとエミリー〔七月十三日付〕〔手紙の発信日から、ウェストンの兄の子ではないかと推定する〕、スティーヴン・ルーカス〔神戸でのフットボール仲間、ルーカス商会を経営〕、プライス〔H・マック・プライス。この年は大阪に居住していて、七月二十六日にウェストンが大町から手紙を発信した〕、ケルティ〔ジョン・スコット・ケルティ。この年は、ロンドンの王立地学協会の会誌『ジオグラフィカル・ジャーナル』の編集長。のちに協会の名誉書記となる〕。

八月二十三日　木曜日

富士山のすばらしい眺め。手紙を書いたり、読書をした。

湖水の向こう岸へボートを漕いでいった。そちらで散歩しているフォスと主教をつかまえて呼び戻すためだ。五時に出発し、六時二十五分に着いた。七時三十五分まで待って、夕暮れに戻った。

最後に、私を捜しに送りだされたボートに会った。主教とフォスは少し離れたところへ行っていて、六時四十五分ころ戻っていた。

私が帰着すると、心づくしの夕食をとった。そして、よく眠った。

箱根にて。
郵便＝六銭＋八銭＋四銭、ぶどう＝一二銭、郵便＝五銭
ぶどう＝一二銭、郵便＝二銭
ぶどう＝一二銭、洗濯＝三八銭五厘
箱根から湯本＝四〇銭＋二銭五厘
浦口のホテル代等＝一円三五銭〔ウェストンの分は、主教が負担したものと思われる〕
茶代＝三銭五厘＋五銭
弁当＝一〇銭、運賃＝三〇銭、切符＝一円七三銭

八月二十四日　金曜日

私を待っているミューリエルからの手紙を、ストーン夫人が書き上げたという夢を見た！
聖バルトロマエウスの日。H・C〔ホアレス・カーリュウかと思われる。日本での登山歴が多い〕
七時三十分。

茶代＝一〇銭、地図＝一四銭、俥＝一〇銭、弁当＝一〇銭
俥＝二七銭、弁当＝一〇銭、汽車（U）＝四〇銭
俥＝一〇銭＋三銭
戦争の写真＝三三銭、シカイ〔意味不明〕＝九銭＋一〇銭
特別＝二円五五銭、地図＝二円四〇銭、汽車＝六銭
一六銭五厘　俥　汽車＝一〇銭、俥＝一一銭
測候所料金＝一円二一銭、ケーキ＝三五銭
靴＝一円二〇銭

備忘録

霊媒について。

参照。『中国事物誌』九十八頁（ドゥリトル「中国人の社会生活」から引用）〔御嶽山のシャーマニズムと比較のため、書物の内容を引き写したらしい〕。

人が霊にとりつかれ恍惚の境地に入ることがあると、まじめにいう霊媒がいる。その境地に入ると病気についての質問に答えたり、病から救ったりできるという。そのため霊媒は、奥深い山にこもるのだそうだ。

神の声なのか？　その歌は優しい花
神の言葉が霊媒の始まりとは、何と！
神のため息が、人間の心を狂わすとは

神戸への列車。
軍人、飲食物、赤＋「制服を着ていない」将校。
スナップ写真〔買った日本風景の写真の説明であろう〕。
一、越後獅子（エチゴジシ）、越後ライオン。越後の人びとが最初にはじめた踊り。踊りはライオンを表現する。
二・三、行商人。海産物やおもちゃを売る。

四・五・六、子ども、祭、提灯に「御祭礼（ゴサイレイ）」という文字。意味は「御祭（オマツリ）」、「子供衆（コドモジユウ）」＝子どもの集団、鉢巻（ハチマキ）をした集団、「頭蓋骨の風」。
七、花屋（ハナヤ）。手にはさみがある。
八、仏教の参拝者。
九、菓子屋（カシヤ）（左右に二つ箱がある）。
十、アイスクリーム屋「ミナト屋」。

十一、托鉢。「鉢に依頼する」、つまり腕で鉢をさし出し、物を受ける仏教の僧侶。

十二、かんざし屋。婦人のヘアピンにする造花を売る店。

十三、浅草山門（アサクササンモン）。

十四

十五・十六・十七、「横浜仏教会（ブッキョウカイ）」の会員の葬儀の行列〔参照、死去した人の家族がその会から授かった花を捧げてお参りするのが特徴〕。

『朝鮮の宝庫』百七十頁、D・L・ギフォード画〔ダニエル・L・ギフォード。牧師として朝鮮に八年間住んだ。『朝鮮の宝庫』は全五巻の大作である〕。

病んだり悩みのある人が旅したり引っ越したりすると、その社会により悪魔は鎮められる。その家は守護神を得たといわれる。私は□□□〔判読不能〕崇拝は朝鮮の宗教である、といってもよいと思うようになった。

一人の男が仁川（インチョン）の商人によって試された。けわしい丘に一つ二つある道すじを通って、半マイルを五百五十ポンドの重さの物を運ばされた。その男は、体力を見せろと仲間の人夫たちにののしられた。自分たちは今後、もっとよけい働けといわれているのに、と人夫たちは声にした。

朝鮮への旅（一八九四年）

十月一日（月曜日）

月曜日の晩に汽船「肥後丸（ヒゴマル）」（船長ジョーンズ）〔この年、朝鮮半島への定期便は、日本郵船の肥後丸の一便だけだった〕に乗船し、十月二日火曜日の午前五時三十分に神戸（コウベ）を出港した。門司（モジ）まではまずまずの旅で、そこへは水曜日の午前六時に到着した。

ポストへ郵便を出しに上陸したとき、何人かの予備兵を見かけた。その人たちは利口そうに見えた。平和な仕事から引っ張り出されたのだろう。彼らが銃で撃たれるかも知れないところに行かされるかと思うと、気の毒であった。

「薩摩丸（サツママル）」がいた。今は政府の輸送船として、ちょうど朝鮮へ向かうところだ。薩摩丸は軍隊を上陸させるのに都合がよいように、ボート柱にはボートの代わりに二艘のサンパンがつけてあった。

午後四時に出港した。大部屋の乗客のほとんどが政府の役人で、何人かは佐世保（サセボ）へ、また何人かは朝鮮へ行くところだった。

佐世保へ向かううちの二人に、井上（イノウエ）海軍大佐と川村（カワムラ）海軍大佐がいる。それぞれ清国から分捕った船〔小型快速艇や砲艦〕を指揮するためである。どちらもイギリス海軍にいたことがあった。川村大佐は自分の収納鞄の名前の次にRN〔英国海軍〕と記していた。井上大佐は長年中国にいた。彼のそばには、副官ともいえる人で諜報員として活躍している人がいた。その人は清国人の服を着て、中国語だけ話す。停泊場所に、検問にかからずに接近できた。

井上大佐は、来年の春以前に急いで北京（ペキン）へ総攻撃をかけるのは好ましくないこと、しかしその手始めに、清国艦隊を無力化すること、その方法は直接行動によるか、ポート・アーサー〔当時、清国領の旅順〕を陥落させることで、と考えていた。ポート・アーサーには、利用できる大規模な政府のドックがある。それで、損害を受けた清国の艦隊が修理できないようにするためだ。

川村大佐の妻子は、彼が一等で行くにもかかわらず、二等大部屋にいる。井上大佐は当り前だというが、何とも規律が厳しい。

長崎（ナガサキ）のアーノルド夫人〔長崎の医師チャールズ・アーサー・アーノルドの夫人らしい。ウェストンは、ここで眼の治療をしたことがあった。大浦居留地で開業したが、アーノルドはこの年死去した〕が、小さい娘さんといっしょに、熊本（クマモト）から長崎へ行く途上で乗船した。下関（シモノセキ）に入港する水路を見渡す山々は、強固に要塞化されていて、山の一つに軍人が配置されているのを見た。

長崎までは穏やかに航行し、十月四日木曜日の午前八時ころに到着した。港の入口は潜水艦用の機雷で守られている。大型蒸気船の甲板で、日本人の海軍士官によって案内される場合を除くと、どの汽船も出入りは許可されない。

港で私たちは兵士を見つけた。定期航路「リーンダー」。アメリカ汽船「ペトラル」、フランスの「インコンスタント」、ロシアの「ヴォランティア」艦。あとからアメリカの巡洋艦「バルティモア」が到着した。

上陸して郵便局に行き、エヴィントン主教〔ヘンリー・エヴィントン。この年五月に日本聖公会九州地方部主教として来日〕に電話したが、彼も夫人も外出中だった。バーニー〔C・M・バーニー。当時、ブラウン商会にいた〕を訪ねて、彼と昼食をとるためにバンガローに登って行った。以前はモンドレル大執事〔V・ハーバート・モンドレル。明治二十年に英国の伝道本部に宣教師増員を要請し、ウェストン来日のきっかけになったと考えられる〕が所有しており、私が日本に来て最初に入った家〔東山手十一番の宣教師館〕である。ジョン・ブラウン夫人と、マニラから来たスペルマロライン夫妻もそこにいた。

昼食のあとクラブへ行った。買い物などをして船に戻った。

午後四時十五分に出港した。朝鮮へ行くおよそ二百五十人の日本人が乗り込んでいた。中間甲板のスペースは満員だった。ほとんどは気分が悪くなるほど混み合っている上部甲板に収容されることになった。私たちも軍隊のために食事を運んだ。横木の何本かが切られているところを見ると、どうやらボート用に使われるようだ。

テーブルでいっしょになった隣室の人は技術者で、釜山（プサン）に上水道建設に行くところだという。日本は文明をヨーロッパから受け入れたが、いずれ百年もすれば、こちらが西欧を文明化するようになる、と彼は告げた。

港を去るにあたり、明らかにここに敷設されている機雷を避けるために、水先案内艇がもう一度私たちを誘導した。

対馬（ツシマ）に午前四時ころ到着し、四時間停泊した。対馬は日本と朝鮮の中間地点にある潜水艦の係留地。□□□〔地名の記入なし。厳原らしい〕の町は、山にかこまれた入江に面して美しい。午前八時に出発して、対馬の東側の海岸に沿って三時間行き、それから□□□〔判読不能〕まで三時間たっぷり揺られた。

二時三十分に、陸にかこまれた釜山湾の投錨地に着いた。係留。西の端にある日本人の入植地の上の山を除けば、木のない高い山ばかり。左の先端には鹿の島、中央は外国人の入植地、右に朝鮮人の「釜山」。岸に上がった。馬車に乗った船長や税関所長のハント氏など。結局、彼の家で奥さんと娘に会いながら、午後のお茶となった。

朝鮮人の村を歩いた。男性や婦人の奇妙な服に注目した。米や小麦を袋に詰めて売る少女たち、□□□〔判読不能〕、秘密クラブに入る疑い。二人の少女は一対の棍棒で絹をとんとんとたたきながら洗い、男たちに運んでもらっている。朝鮮人が、どれほどすばらしい身のこなしで洗濯するかがわかった。男性の上手な運搬、女性は簡素で溌剌さがない。家は小さい。土でできている。藁葺き屋根。どれもわずか二部屋か、それくらい。床下から火で熱せられ、その火は料理用の竈としても使われる。

博打をやっている二人の遊び人を見た。コップから、一度にいくつかのさいころを交互に投げていた。腿の間から、ときには胸の位置から。相手の資金を容赦なく。さいころは木片で一方が丸く、もう一方は平らだ。賭け金は現金。

たてがみの紐が邪魔になりそうな小さい驢馬に乗った背の高い男。風変わりな帽子。藁の草鞋は、未発達な清国の靴のようだが、日本のものよりはよい。ある種の靴は、踵とつま先に釘が打ってある。

楽しいおしゃべりとハント氏のこと。

『ジャパン・メイル』九月一日付に『報知新聞』〔『郵便報知新聞』明治二十七年八月二十四日号〕から訳されたハント氏に関する中傷文。

外国人が、三回も清国人を逃亡させたのではないかと疑っている日本人の行動で、アメリカ人ミッションを説きふせ、その人の帽子をとらせ弁髪があるかをチェックした。ハント氏が英国人女性二人を船から降ろそうとするときも、□□□〔判読不能〕はその女性が清国人男性ではないかと疑うとは、何たることだ。船員に調べるよう命じ、今後そういう人間は、チェックするまで上陸させるなと命じた。

注記。朝鮮人は帽子をかぶっている。室内用、室外用とも似た形をしている。□□□〔判読不能〕のものは喪中と人夫用。□□□〔同前〕。日本のスパイ。清国人は諜報活動をやめると、服装を整えて□□□〔同前〕する。未婚の少年は弁髪で下げ髪はないが、結婚すると頭の上に髪を結う。

午後六時ころ乗船した。甲板は仁川に戻る日本人労務者や小売人たちで混雑している。全部で四百人ほどか。大勢が船旅の間ずっと横になっており、また酒（サケ）を飲んで博打をやる者も多い。雑談が絶えず、眠ることができない。私のドアは荷物で塞がれっぱなしだ。でも彼らは、ほとんど不平をもらすこともなく、□□□〔同前〕のように横になっている。

朝、激しい風、のちに収まった。「朝鮮の瀬戸内海」を通りすぎるとき、島々はやせて見えたが、日本の海岸の島よりも絵のような美しさだった。岩のいくつかは尖っていたり、アーチだったり、ほかにも、うずくまるライオンなど。うっとりする午後だ。

午後五時三十分ころ済州島とポート・ハミルトン〔済州島の済州かと思われる〕。

夕食のあと、海上の星やすてきな月明りを眺めながら、いっしょの乗船客と朝鮮語で初めての聖書日課をやった。ぐっすり眠った。

十月七日　日曜日

すばらしい朝。すがすがしく、寒い。一時三十分にウギナ丸〔古い青い煙突「プロメテウス」〕が通った。船長はペンダー。

平壌（ヘイジョウ）〔ピョンヤン〕などへ向けて釜山から仁川に行く途中の、神戸〔トリザキ〕の松田（マツダ）に会った。彼は私に、死去に際して最良の埋葬地を見つけるため、朝鮮人が執り行なう「神降ろし」について語った。以前、死者は山の盛り上がったところに藁をかぶせただけで放置された。埋葬すべき穴のお告げがあり、黒い石灰岩で固められ、それを固めるために水が注がれる。墓石はない。

午後五時十五分にシオポウル島〔仁川から西南に当たる徳積諸島の豊島〕から十マイルほど離れたところで、私たちは輸送船コーシン〔英国のジャーディン・アンド・マセソン社所有の汽船「広乙」〕の二ヤードにも足りないマストを見た。コーシンは島の西の端一マイル半くらいの浅瀬（約七尋（ひろ））に置かれたままだ。それらは千二百人の犠牲者にとって最後の安息場所である以上に、悲惨な記念碑ともなっている〔広乙は当時、清国政府に貸し出されていて、将兵を乗せて航行中、七月二十五日に日本艦隊と戦闘になり沈没した〕。それが波の下に姿を消す前に、不幸な人たちを葬った残酷な殺人者に対する裁きがあってほしい。

こんな恐ろしい大災害が現実に起こったとは信じ難い。落日の暖かい光が輝く中で、平穏な青い海が静けさを増し、紫色の島が浮きでてくるのを一人じっと見つめた。

舷側に島が広がるにつれて、今は鮮黄色となった空を背景に、くっきり目立つコーシンから一番近いところに、奇妙な形の岩が現れてきた。背骨の曲がった男が頭に飾りをつけ、清国の琵琶を手にする姿が、黒いシルエットとなって縁取られている。その男は沈没船が横たわる地点を熱心に見つめている。この岩がまさに、そういう男の形に似ていることで、私の心に突き刺さるものを感じた。

ジョーンズ船長もずっと以前に同じ岩を見て、心に突き刺さったのではないかと自問自答した。その島は古くから彼を偲ばせるところであり、この岩があるから、いつも別の島と識別できる。

すてきな夕方で、一日が終った。月明りが何ともきれいだ。

いよいよ仁川の光が、心地よく見えるようになった。私たちは九時四十五分ころ内側の投錨地に停泊した。私は税関の船で浜へ行き、税関で人夫を借り、教会伝道連盟にいるランディス〔E・B・ランディス〕医師の宿所（少なくとも彼の寝場所）へ案内してもらった。持ってきた手紙を手渡したあと、楽しい雑談をして船に戻った。

十月八日　月曜日

午前九時三十分ころ上陸したが、日中は馬がいないとのことでソウルにも行けず、この日一日ぶらぶらと過ごした。

ランディス医師は、戦争や朝鮮の税関などについて、多くの興味あることを私に語った。

朝鮮人は日本人を憎んでいる。一五九二年―一五九八年〔豊臣秀吉による朝鮮出兵のこと〕を忘れることはなく、決して許さない。たとえ平壌（ピンヤン）にいる清国人が朝鮮人を虐待しても、彼らはたびたび□□□〔判読不能〕する国を憎んでいるから、朝鮮人は彼らとともに戦った。

米国の新聞の特派員は、平壌の戦争のあと、彼が数えられなかった分もあるが、少なくとも九百人の日本人死者が数えられたという。殺されたと考えられる。ある日本人は、中国人とほぼ同数の日本人が殺されたと認めた。ほかの何人かは逃げたが、市街にとり残された六百人が投獄された。一人の日本人大尉は、部下が自陣に誤って火を出し、そのため何人かが死んだので、自殺をはかった。

牙山（アサン）〔仁川の南三十キロにある〕では、日本人兵士が婦人を凌辱し、戦闘のあと十三人の清国商人を海岸で殺害した（スパイとして?）。ソウルでは日本人が国王〔高宗〕に刃物で切りつけ、礼服をずたずたにして剝ぎとった〔七月二十三日に日本人兵士が景福宮に突入し、そこを占拠した〕（朝鮮の法律では、国王にはいかなる金属も触れることが許されない）。王妃〔閔妃〕は日本人兵士から見張られて、日夜、監視された。

霊媒について。

かなりな「神がかり」の儀式が、女性だけによってとり行なわれた。手に棒を持ち、御幣を髪の毛に突き刺し、恍惚状態に陥って病気などについての情報を伝える。

昼食のあと、畠をぬけて丘のほうへ歩いて行った。栽培面積は非常に小さい。けれども土地は肥沃で、悪臭もほとんどない。

注記。日本の畠にある看板は、盗みへの処罰についての絵がある。

注記。衣服を二重にし、色のついた袖なしの編物を着ている警察官。婦人はもともと、袖のある衣服を着けている。

ソウルの一角で警備兵に止められ、どこへ行くのかと尋ねられた。足もとから石を積み上げ、その上にいろいろな木を積んで隠れている。市民の機嫌をなだめる顔つきだ。真っ赤になった顔。何事もないようにと、祈りが通じた安堵感。

注記。ローレル〔ジェイムズ・ラッセル・ローレル。アメリカの外交官で評論家〕『ソン・ウァンの家族』二百二頁。

妖精の王が明りに引き寄せられてきた。明りの上は火葬場、葬儀の参列者がいる。外には墓が一つ、十字架が描かれている。一八九四年の化身の日。最近建てられた墓が九十二。一八八四年にも多数の人が殺害された〔その年ソウルにクーデターが起こり、ほどなく鎮圧された〕。

病院の大きい建物が二棟、合計で十三棟。私たちはここに八十人の患者がいると聞いた。平壌で足を撃たれた男に会った。その男は日本人が四、五百人と、中国人五万から六万人が殺されたり負傷したと語った。

この病院の上に、三年ばかり前には神道の神社があった。日本から持ってきた木材で建てたものであった。日本人は、朝鮮で馬や人夫を手に入れるほうが安くつくと思っていた。日本人によるソウルの王宮攻撃のあと、傷ついた多数の朝鮮人が、ここの赤十字病院に連れてこられた。牙山から負傷した日本人が送りこまれると、朝鮮人たちは街路へ追い出され、傷口に蛆がわくほどだったが、ボールドック医師や英国教会事業団の看護シスターが、彼らの世話をした。

注記。朝鮮の新しい通貨制度〔八月十三日に新貨幣条例が発布された〕。造幣局〔典圜局〕は今は兵営になっている。

ランディス医師と午後のお茶を飲んだ。海水は湾の浅瀬を一マイル半ほど引き、春の満潮には四十フィートほど満ちてくる〔平均二十七フィート〕。

六時ころ船に戻った。テント、弾薬、木材、食糧〔干魚、缶詰類など〕を、日本軍のために陸揚げするところを見た。日本兵の多くは街を行進したり、巡視している。朝鮮人はときどき日本人をイェン・イン〔倭人〕、汚い劣ったやつ、と呼んでいる。

月曜日の晩、二人の日本人人夫が若い中国人がやっている店に侵入し、四十五ドル相当の朝鮮貨幣を盗んだ。日本人は刀をとり出し、中国人の腕を傷つけたが、結局はあとに□□□〔判読不能〕を一つ残して引きさがった。

朝鮮の新しい貨幣がいくつか手に入った。「大」の文字〔漢字で「大」と書いてある。ウェストンが書いた日本で使用される文字は、この一文字しか見つかっていない〕は清国の要請により消されていた。

十月九日　火曜日

ランディス医師と海岸で過ごした。鯛、牛肉、薄く切ったかぶ、ゆでたキャベツ、豆の入った米という朝鮮の昼食をとった。

病院を視察した。病室はかなりみすぼらしく、一般の人びとも気軽に来れるように、普通の朝鮮人の家に似た建築物にされなくてはならない。すぐそばには三人の男の子がいる孤児院がある。

ウィルキンスン氏〔領事〕とオズボーン氏〔税関責任者〕を訪問した。どちらも不在だったが、彼らとはあとで栈橋で。ランディス医師が午後のお茶を飲みに甲板に来た。彼といっしょに海岸へ行った。丘を越えて病院へ登って行き、そこでH・ルニース〔ロイター特派員〕と戦艦「コリエッツ」のロシア人艦長に会う。朝鮮の冬物のジャケットを買った、五ドル。

午後十時四十五分に仁川を出帆した。

〔十月十日〕水曜日

すばらしい日。朝鮮商工長官〔農商務大臣源成泳〕がいる。仁川から釜山へ転任するところ。東京に向かう日本領事〔能勢辰五郎〕の姿。家族六人でやはり転任の途上らしい。水曜日の朝早く、日本の軍人が合図して、探照灯を消すのを見た。

信号。たぶん八重山艦(ヤエヤマカン)〔八重山艦は、九月二十日に横須賀から仁川に入港していた〕に向けて。弾薬などを積みこみ、仁川を出港するところだった。

受け皿の語源。

中国の茶碗が初めて送られたとき、包装の蓋を英国人が誤用したことから。

墓地は通常、市街地のはずれの丘の上に作られる。谷間や平地に比べ役に立たないからだ。

「スル」（朝鮮語）は酒を表している。

注記。寺院などがないため、船上から見える朝鮮の町は一様で変化がなく、つまらない。寺院は市の防壁の外側に。人びとの表情が穏やかなのが、その衣服の派手さとはかけ離れていて対照的だ。

注記。筵を床に敷いた呼び売り商人の「屋台」。木の実などがきれいに積み上げてある。価値があるほどではない。

六月の新書評。

コンウェイ〔ウィリアム・マーティン・コンウェイ。この年の『アルパイン・ジャーナル』に、コンウェイの『カラコルム・ヒマラヤの登攀（とうはん）と探検』と、『アルプス、端から端まで』の書評がある〕『山岳探検の発展』。

『ストランド・マガジン』五月号、オクスフォードとケンブリッジ連合。

妙義山、燕岳、槍ケ岳、奥穂高岳（一九一二年）

徳本、頂上到着十二時五十五分〔最初の頁に、八月十九日の行動がメモ書きされている〕。

嘉門次の使（ツカ）イに出会った。ビール二本。

徳本小屋に午後二時、午後三時まで滞在。

CBF計測で六千フィート。

松本発　　　　　　　篠ノ井（シノイ）着
午前　一時五二分――午前　四時一三分
　　八時〇五分――　　一〇時二六分
一〇時四〇分――午後一二時五八分
午後　一時五九分――　　四時一三分

篠ノ井発　　　　　　　軽井沢着
午前　五時五二分――午前　八時三四分

（八時四二分）—（一一時二〇分）
午後一二時二五分——午後　二時五五分
　　二時四四分——　　五時一一分
　　五時五二分——　　八時四三分
日野春発＝七時三六分、一〇時三〇分、一二時五三分、四時一九分、七時五八分。
〔以上、時刻表を書き込んだもの〕。

八月六日　火曜日

見送られながら横浜発午前十時五十分に乗って発った。やがて上野からの道中は、ずっとゆったりした旅となった。私は松井田で下車し、そこから妙義村へ登っていった。再び菱屋〔甘楽郡〈当時は北甘楽郡〉妙義町の宿、菱屋伝平。ときの主人は岡部誠作〕で、その夜を過ごした。

八月七日　水曜日

根本清蔵と鏡岩の初登頂をやるつもりが、霧のため出発が遅れた。根本とは一週間前、O・H〔ウェストンの夫人、フランセス・エミリー。なぜO・Hなのか不明。以下、「フランセス」と訳す〕

と私が筆岩〔筆頭岩〕に登ったときいっしょだった。

一時間半ほど歩いて、中之岳（金洞山）の岩の麓の岩陰にある茶屋〔一本杉の茶屋。現在の場所より上方にあった〕に着いた。そこから、私たちは大砲岩の尖峰へよじ登った。そこでは、私たちが登った尖峰に相対する深い絶壁と向かい合った。鏡岩は、その最高点につけられた名前である。右手は大きな支柱に支えられた、凹凸のない巨大な岩の塊でできた、防護壁のてっぺんのようだ。その支柱は一方は数百フィートしかないが、四方とも垂直に切りたっている。

大砲岩をうしろに見ながら出発した。私たちは、大砲岩と鏡岩の尖峰に接続する岩の狭い隙間を一歩一歩下っていった。私の新しい絹のロープ〔ウェストンが『ジャパン・ガゼット』十月五日号に寄せた文によると、このロープの長さは五十五フィートとある〕を二回、下りが楽なように二重にまいて使い、自分たちが低部へ下ってから解いた。この作戦で、清蔵はその熟練と能力を証明した。彼が垂直に近いところを十五―二十フィートもよじ登り、防護壁の主稜のへりに到達するさまは、非常に見事だった。

作戦は短時間だったが最高におもしろく、また大いに刺激的だった。しかし目のくらむような頂へは、この作戦も実際の役には立たないだろう。大砲岩に一番近い側のほとんど全部のルートを攻撃するさまを、大砲岩や、そのちょっと下にいる日本人の何組かのパーティが、真剣なまなざしで注目していた。

最後の作戦は最高に劇的だった。

鏡岩そのものの基部をまわって腹ばいで進んだが、足をふみはずして絶壁の縁にぶら下がり状態になった。その間、「鏡岩」の低い方の縁と、それを立たせる基部になっている尖峰の頂上との間で、悪戦苦闘した。大砲岩に直接登らずにその基部にある岩棚へ引き返したあと、大砲岩をぐるっと回って歩き、頂上へは「髭スレ岩」のそばから登った。ここへ登るために四十五分ほどかかった。

それから私たちは、出てから二時間半で元の茶屋に戻った。清蔵は登頂の証として、私の手拭を茶屋から見える側にある岩の小さい突起にしばってきた。茶屋に戻って見上げると、それがはためいているのがはっきり見えた。

写真を撮り、食事をし、葉書を買ったりしたあと、私たちは菱屋に戻った。ここでお茶、入浴、休息をして松井田へ下った。私の持っている絹のロープには、あらゆる人たちが大変な興味を示した。駅で列車を待っていても、不思議そうな顔をした人だかりができてのぞき込んでいた。

軽井沢には六時三十分に到着した。私を迎えてフランセスが会釈。日本で知りあった友人の中では最も古く、信用もある一人、F・P〔フレッド・G・パルマーと思われる。この年は平塚に住んでいた。年末に横浜文芸音楽協会で講演し、あとにウェストンが発言している〕のうれしそうな顔が横にあった。

八月八日　木曜日

フランセスと私は、かつて軍人だったたくましい人夫を連れて、午前九時三十分にS・H隊一行と神津牧場（コウヅボクジョウ）〔明治二十年に物見山に開設された。群馬県甘楽郡下仁田町南牧野〕へ向かった。軽井沢高原の西向こうにそびえる山の中にあり、かなり有名な牧場だ。

十時三十分ころ、ゆっくり進んでいた先発隊に追いつき、彼らと二つの峠を越えた。峠と峠の間には、深く木の繁った谷間があった。見張岩〔矢立岩らしい〕のふもと近くで休んで昼食をとった。川原の石の上で楽しい食事だった。ここから牧場までは、最後の鞍部を越えるが、歩いて一時間の道のりだった。

前もって知らせてはいなかったが、牧場では親しく手厚く迎えられた。クリームやミルクは無尽蔵に出された。この牧場では、外国産の良質な多種多様な乳牛が飼育されており、これらはその牛の乳から作られていた。

牧場の作業員は全員そろって、長椅子とテーブルの備わった一階の大部屋で食事する。一方、私たちには二階の日本間が当てがわれた。まるで通常の習慣とは逆である。

私たちは自分の食糧を持参していた。よそ者だから、他人の家にいるということを認識しておいてくれと繰り返しいわれたので、何かしてもらうにも、遠慮して先方から申し出があるまで待たねばならず、少し煩わしかった。それを除けば、夕食は楽しいものだった。

まずいことに、私はその警告を文字通りに受け取りすぎて、チキン・カレーの缶詰（アメリカの低級ブランド）を、うかつにも中身を出さずに火鉢(ヒバチ)で温めようとした。この軽率な行ないのせいで、少しよけいに料金を支払うことになった。

外では雄牛が鳴いて騒がしく、内では小さくてすばしこい動物に絶えず煩わされて、必要な睡眠がとれなかった。私たちは婦人五人をふくむ九人パーティだったので、自由に使えるとはいえ、手狭な宿舎で沐浴するしかなかった。

フランセスと私が帰途につけることになったのは、かなり経てからだった。

いよいよ帰ることになったが、昨日の愚行が頭にこびりついて離れない。こんな失態は私の経験で二度しかなかったことなので、気持ちが沈み、足取りは重かった。最初の谷をおりたところで、荷馬を借りることができた。おかげで苦痛が少しやわらぎ、何とか軽井沢駅の近くまで来ることができた。この日の残りは書くほどでもない。

日曜日の休息が待ち遠しい。

八月十一日　日曜日

□□□〔判読不能〕の英国教会〔旧軽井沢のクライスト・チャーチ〕の朝の礼拝に行った。

午後になって、五時三十分に公会堂で行なわれた学徒ボランティア運動に関する集いに出た。セシル主教〔セシル・ヘンリー・ボウフラワー。日本聖公会南東京地方部主教〕による講演があった。終ったあと激しい嵐の中を歩き、定刻までにホテルへ着くことができた。

八月十二日　月曜日

フランセスと私は清蔵と連れ立って、中房（ナカブサ）温泉へ向けて八時十六分に軽井沢を発った。私にとって初めての地であり、他の外国人はまだだれも行ったことがない。だからこそ、行く価値があると思う。

日が照って暑かった。篠ノ井の接続駅で焼けるような二時間を待ったのだが、何ともやりきれない。やっとの思いで姥捨（オバステ）と明科（アカシナ）の間にある山を、煙たくて息苦しいトンネルで越えたのは、二時三十分だった。明科駅で降りた。ここで私たちは俥（クルマ）を拾い、荷物もいっしょに乗せて、有（アリ）明（アケ）村まで一時間十五分ほど乗っていった。そこからさらに一時間、ゆるやかな大地を歩いて、私たちは宮城（ミヤシロ）に着いた。

宮城という名は、穂高神社を祀って建てられた神道の神社（宮）に由来する。神社は信州の農場主や小作人たちに、しばしば問題や損失をもたらす雨と嵐の神である〔宮城の神社は有明山神社で、有明山信仰のための神社であり、穂高神社とは直接関係がない〕。

貧弱で小さい宿屋（相生屋（アイオイヤ））は、すでに参拝者の団体であふれていたが、神社の神主〔野々山義長〕が、私たちをこの上なく親切に受け入れてくれた。おまけに清蔵の勝手で強引な交渉で、料金も安くなった。

私たちの部屋のすぐ外には、小さな滝がごつごつした花崗岩の滝壺に落ちていた。しかし神主がだれかを遣わして、夜間だけその水路を脇にそらしたため、騒音はすぐに止んだ。

上田（ウエダ）（『タイムズ』日本付録、一九一六年六月三日）〔後日の英国の新聞から、ウェストンが書き加えたものであろう〕。

日本を訪れた人びとで、生糸、茶、米などの輸出について、それが技術指導者団体によって、どれほど促進されているかを理解する人は少ない。それには、外国の最高の知識が活かされている。上田の大きい養蚕施設研究所の設備は、農業だけでなく、その製造開発研究の側面もあり、革命的である（日本雑誌、一九一七年十二月）。

日本人の大多数は農業に従事し、彼らは保守的階層である。いかなる変革にも疑問を持っており、以前からずっとその地で、先祖がしてきたことを継続するのを好む。田舎社会を知らずに日本を学ぼうとするのは、見込みのないやり方だ。日本の田舎と都会では、その実態は区別される。

注記。地方の風習。『日本雑誌』一九一六年一月号、五百三十五頁から引用〔S・山下による「新年の地方の風習」〕。

八月十三日　火曜日

フランセス、清蔵、それに二人の強力とともに、中房温泉（三里）に向かって午前九時に宮城を出発した。この谷間を四時間かけて快適に歩いていった。すがすがしい朝の空気は、ときどき白い花の香りが甘かった。険しい山が盛り上がる。

七千から九千フィートか、それ以上の標高で密生した森林がある。下には深さ二百から四百フィートのみごとな急流が、音を立てて流れていた。この川床には目のくらむような白い花崗岩の丸石があり、イワナ（鱒）の住処となっている。

新道が昨年完成したので、登り道は驚くほど順調で楽だった。あちこちに、崖から支柱で支えられた丸太の橋があった。大天井(オオテンジョウ)と燕山(ツバクラヤマ)（屏風岳(ビョウブダケ)）の頂上まで木が繁る山稜の間に、有明山（信州(シンシュウ)ノ富士(フジ)）の鋭くて険しい山稜の、崩れた絶壁が頂上までそびえているのが見える。谷側は非常に切り立っていて、場所によっては二百から四百フィート、ほぼ垂直に落ち込んでいる。全体の眺めは、めったにないほどロマンティックである。

登行の最後の部分で、いくつかの橋を渡った。その橋の一つの脇で、十一時三十分ころ私たちは形ばかりの昼食のために休んだ。というのも、私たち用の食糧品は、ずっと遅れている強力（ゴウリキ）の背中にあったからだ。

一時になって、中房温泉をとり巻いてへんてこな家々が建ち並んでいるのを見て、私たちは喜んだ。左手の最も高い所にすごくきれいな新築の家が見え、これなら、思いがけないところで快適さと清潔さが約束されたと、当初は期待がふくらんだ。しかし、かけ寄って近くで見ると、その期待は飛び散ってしまった。まだ建築中だったのだ。

私たちは、まず古い建物の一階のうす暗い部屋に通されたが、間もなく二階に案内された。部屋は、この建物のうちで一番よい部屋のようで、どうやら所有者の家族が使っているのを、私たちのために明け渡したようだった。

入っていくときに、年輩の番頭の「帳場」を通り過ぎたところ、大量のビールとシャンペン・サイダーなどの貯蔵品があるのが見えた。こんな遠隔地で空前の発見だ。

所有者の百瀬（モモセ）〔百瀬亥三松〕という人は、家は松本の近くにある。私たちをとても丁重に迎え入れ、三日間の滞在の間、どんなことでも快くできるだけのことをしてくれた。彼は日本山岳会の私の友人、小島（コジマ）〔小島烏水。明治三十六年にウェストンに会い、のちに彼のすすめで日本に山岳会を設立する〕から、私が登山のために行くことを前もって聞いていて、新しい建物の完成を間にあわせようと熱心にやったが、遅れてしまって申し訳ないと語った。

上等な浴室のきしむ障子には、プライヴァシーを守るため、手直しした紙が貼られてあった。ここでは、この上なく最高の食事が運ばれ、できる限りの配慮が払われた。私は実によく眠れた。でもフランセスは、学生たちの一団の騒音が大変な苦痛だったという。私たちが中房温泉に滞在中に一つだけあった不愉快なことは、彼らの不作法なふるまいや、他人への思いやりが望まれることであった。

注記。ギリシア人は公衆浴場で騒がしい歌をうたうのは、田舎者のしるしと思っている。

八月十四日　水曜日

住所、信州南安曇(ミナミアズミ)郡、明盛(メイセイ)村〔百瀬亥三松の自宅の住所。ウェストンは帰宅後、百瀬に礼状を出した〕。

有明山、登り二時間四十五分、下り一時間四十五分。

すてきな朝が私を迎えた。八時十五分に清蔵、百瀬氏〔百瀬彦一郎、亥三松の長男〕、画家〔石田探山、のちに筆名を吟松とする〕、新聞記者〔信濃民報の二木亀一で、筆名は毒竜。二木は、大正三年にも上高地でウェストンに出会う〕、写真家〔信濃民報の小沢〕を連れ立って、有明山の登攀に出発した。そこへの登山は、今まで外国人登山者によってなされたことがなかった。フランセスは病気のため気分がすぐれず、休息していることになった。

谷間を二分間歩いて下ると、登りの出発点へ来た。とたんに大変険しくなった。視界がさえぎられているが、木々のすき間からときおり深い谷の森とか、山腹の暗い森林がちらりと見えたりして、つまらないということはなかった。出発して間もなく、みごとな二つの滝を通った。しかし、その先にはほとんど水はなかった。高くなってから一か所で、花崗岩の峡谷の大きい岩を越えるとき、冷たくておいしい水が流れ出ていて、思いがけなく元気づけられた。

「夜明けのピーク」の頂上への丁目を示すため、赤く印した小石がきちんと配置されていた。その最後の部分はほとんど同じ高度で、でこぼこした山稜を通っていた。頂から左（西）へ折れて二十分ほどすると、奥ノ院（オクノイン）、わずかに低い峰に出る。有明山からの展望は、よく見えて感銘を覚えるはずだったが、不運にも雲がかかっていて、遠方は全く見えなかった。

西の方に広がる神聖なアルプスの峰々を見張って、偉大な歩哨のように聳え立っている。その向こうの北側に聳える、広大な大聖堂を支える巨大な控え壁のようにである。

頂上の近くには、小さい神社がある（午前十一時に到着）。仲間の何人かが頭をさげておじぎをし、祈願した。最高点は約七千五百フィートで、頂上には中房温泉からは反対側になる、宮城からの大変険しいルートでも到達することができる。

石田採山の画帳に記された有明山登山の同行者のサイン

一時間など、あまりにも早く過ぎた。他の人たちは各自の計画の通り頂上に残ったが、清蔵と私は温泉に下った。下りは一時間四十五分だった。これで変化に富んだ、楽しい登山が終った。

八月十五日　木曜日

嵐のあとのすがすがしい朝。フランセス、清蔵、強力とともに七時四十五分に温泉を出発した。谷間を登り、数分して急流の川原へ折れまがった〔当時は、今日の合戦尾根と違い、中房温泉の奥へ谷づたいに入って、濁沢を登って燕岳へ出た〕。それからは険しい山腹で、北山稜の「尾根（オネ）」。八時三十分（現在五千八百五十フィート）。八分間の休止、一生懸命登ったがきびしかった。この状態は八時五十四分まで続いた。このとき、笹原の斜面がゆるやかになった（BF七千フィート）。九時八分には（BF七千五百フィート）に到達し、九時十五分まで休んだ。ここが中間点だといわれた、つまり二里。ヒガラの鳴き声が聞こえた。□□□〔判読不能〕のあとは、大変□□□〔判読不能〕だという。

この付近には熊（クマ）、クラシカ〔かもしか〕、猿（サル）、野うさぎ、雷鳥がいる。高い方の山稜で、野うさぎが針金にかかった。八千フィートまで登った（九時四十五分—十時）、少し急。涼しく、おいしい空気。ライフル銃を持った猟師に出会った。笹が伸びていて面倒だ。

八千五百フィートで休んで食事、十時三十分—十一時。九千フィートで森林をぬけて空が開け、上に出た。小さいリンドウを見つけた。パルナソス草や野生のテンジクアオイなど。

九千四百フィート（十一時三十分）、主稜に到着〔現在の燕山荘のあたり〕。ハイマツ、シャクナゲ、小さな樺の木がある。全面雲ばかりで、何も見えない。フランセスは快調に歩いた。下の東側の峡谷に雪が見えた。フランセスは主稜で雷鳥を見た。

西と北西〔正しくは南西〕には、槍ケ岳、穂高、笠岳その他の山頂の見事な展望。晴れた日には富士山が見えるが、今は主稜の東の地域全体を雲が覆っている。

頂上、十二時四十五分。

フランセス・E・ウェストン、ＯＨ！
ウォルター・ウェストン
根本清蔵＋その印
丸山（マルヤマ）要（カナメ）

〔丸山は有明の案内人。この日、前日と同じ石田、二木、小沢も登ったが、氏名が記されていない〕。

ＣＢＦ高度計、一万三百フィート＝中房温泉の上、四千六百、おそらく九千三百フィート。

主稜の東側の小さい川床からの雪を溶かして、お茶をいれた。ゆっくり午後二時二十分まで休んだ。下りでは、とりわけ笹の中できつい思いをし、険しい斜面から急流へ戻った。強力はしばしば転び、そのたびに笑っていた。私は下り道で草鞋を着けたが、あまり役には立たなかった。

中房温泉に戻ったのは、午後五時四十分であった。百瀬氏はすぐに卵酒(タマゴザケ)を持ってきて、それから、私たちは入浴して生き返った。夕食のとき、最近東京から届いたというスモーク・ハムが少し出された。

騒がしい若者たちが、夜をだいなしにしてくれた。管理人が注意するまで騒ぎ続けた上、またしばらくして部屋や風呂場で騒ぎ始めた。

八月十六日　金曜日

荷物を整理したのち、清蔵と昨日の強力を伴って、十時三十分に出立。強力は進んでやる気もあり、たくましかった。とても快適に歩いて、谷を下った。行く手には橋がかかっていた。

油絵や水彩画を描いている何人かの画家に会った。十二時―一時十分、昼食にした。

宮城に近づくにつれ山はだんだん開けていき、見事な眺めが広がった。下方にある急流の川床に、途方もなく大きい紫色の岩があり、水ぎわへのろのろ泳いでくる巨大な亀のように見えた。はるか遠くには、木で半分覆われた穂高神社があった。ここに祀られている神は（小島〔烏水〕が私に書いた手紙によると）、これらの山域の水の「使者」だという。

谷の入口で、私たちが途方にくれた山の斜面はぼかし絵となり、大町（北）と松本の間の、長くて幅狭な平野の東向こうの山々には、青い靄（もや）がかかっていた。

宮城神社でやや予定より遅れて、私たちは穂高への最後の五マイルの歩行に出発した。神社のすぐ下にある印象的な銅像のところまで来た。ドードーの像で、彼は五十歳のとき、有明山に最初の登高をしたといわれる巡礼者（行者（ギョウジャ））である〔初登頂は宝重院宥快と伝えられる〕。銅像は有明山に向かって、生きているように立っている。それはシャモニーにあるバルマの記念碑を鮮かに思い起こさせる。それよりももっと写実的で劇的だ。

穂高には結局、午後五時三十分に到着した。少したって、私たちは、すばやいが、がたがたの馬車に乗って松本に向かい、七時三十分に着いた。

丸中屋（マルナカヤ）〔本町一丁目にあった丸中千歳（せんさい）館で、主人は古田宅治だった〕で歓迎を受けた。盆祭（ボンマツリ）があり、ここで歓迎の夕食、入浴、就寝と続き、この旅行中に受けた最高の夜となった。

私たちの部屋は、今までの日本の宿屋の中でも静かで、最高に魅力的だった。部屋は小さかったが、調度品は見事に優美である。銀色の紙を貼った襖(フスマ)で閉ざされた押し入れに、布団(フトン)を入れるようになっている。趣のある床ノ間(トコノマ)の隣にさらに一部屋あり、そこは金色だった。しみ一つない畳(タタミ)で、予想していた蚤との戦闘もなく、電灯だったので部屋が涼しく、その光は下を流れる川を照らした。その水音は、まことに心地よい子守り歌となった。

八年ほど前にも私はここで一夜を過ごした〔明治三十七年七月、南アルプス登山のあと松本に来て宿泊した〕。この事実を伝えたばっかりに、たちまち特別の厚意で、獲りたての鯉のさしみが出されることになった。さしみは辞退したが、鯉は翌朝の食事に調理して出してもらうことにして、結局たいらげた。

八月十七日　土曜日

午前八時五分の汽車にフランセスが乗って行ったので、私たちはとって返した。島々へ行くための買い物まわり、馬車の調達など、必要な準備をしなければならなかったので、見送る間にも、気がせいた。

乗っていたのは三時間とはかからなかったし、道についても馭者がてきぱきと指し示していくので、いらいらすることもなかった。十年前に新しく建設された道路は、立派なものだった。

行程の後半は、こうした場所がいくらでもあるというので、干上がった川床の一つにある通路を行こうといわれた。ほとんどの部分は、その右（北）を通るようになっている。

私は今までの旅行で何回もたどったことがあるが、陽がさしているときは、中程にある森がいつもほのかな香りと、ありがたい日蔭を提供してくれる。

もともと道でないところを三マイル半進むので、突発の障害が多かった。最初は手を振ったり警告したり、乱暴にも身振りで話をしていた。そのうちに引き馬が松本への道すじの端の溝に引きこまれ、私たちは何とか止めようとしたが、落ちてしまった。

松林（確実に松本の名前は、それに由来している）の中で、私たちは農商務省（ノウショウムショウ）（森林省）の役人が、売却用に木に目印をつけているのを見た。

鍋割（ナベアリ）では、この地名を付けた人はまったく異常だと思われた。なぜなら、そこは見たところ鍋アリマセンの場所だった。淵東（エンドウ）についても、同じことが当てはまる。そこにはエンドウマメがないことがはっきりしたし〔洒落たつもり〕、赤松（アカマツ）でも同じく、「赤い松」はほとんど見られなかった。

でも、ことによると現在村があるところは、十七年前、私がここに来たときの、昔の大量の美しい森林の一部が、姿を消してしまったのかも知れない。

大野田（オオノタ）には、流れが早くてロマンティックで魅力的に曲がる梓川に、さっぱりした木の橋がかかっている。すぐに私たちは島々に着いた。ここは道が改善された結果、交通量が増え、ものすごく発展していた。今では稲核まで馬車が利用できる。その上、人気の高い上高地温泉や、乗鞍の麓の古い白骨の行楽地にまでいずれ乗り入れられるとは信じられない。

以前からなじみの宿泊所、清水屋の女主人から親切な出迎えを受けた。残念ながら主人本人は見えなかった。一年のうち七、八か月は上高地に店を開いているので、今はそちらだった〔加藤惣吉は、上高地にできた温泉も取り仕切った〕。

残念なことに清水屋には浴室がない。そこで、この村にある公衆浴場へ行った。四時という早い時間なのに、ここのお湯ときたら予想をはるかに超えてひどい。私は湯につかるのをあきらめて、庭を見渡す一階の縁側で清蔵の助けを借りて手桶の湯と水で用をたした。

夕食に見事な鱒（イワナ）が出た。私はこの宿一番の部屋二つを与えられた。すべてがとても心地よかったが、隣家（茶屋）でお盆の祝いのため、真夜中近くまで酒飲みたちの無遠慮な騒ぎがあった。二十年前にも、まさにこの場所で同じ体験をした。

さらに真夜中過ぎにわざわざ起き出て、下の階の騒々しい人物二人に、同じ客として考慮してほしいと頼みにいった。彼らのしゃべり声が静まったとき、遠くから三味線の調べが押しつぶすように流れてきた。眠くなって休んだ。七時まで。

八月十八日　日曜日

すばらしい日。祈禱書などを読んだ。

R・W・エマーソンの『代表者』〔ラルフ・ウォールド・エマーソン。この英文の書物は研究社から発行された〕。ナポレオン、世界の大人物の人間性について、大変興味ある研究。十三、十八、十九、二十一―二十三頁。

昼食をとっているとき、百瀬〔百瀬慎太郎、このときは青木忠次郎と山行をした。大正三年五月に、ウェストンはそのルートについて、百瀬に問い合わせの手紙を出す〕という名前の、大町の対山館（タイサンカン）の主人の子息で日本山岳会の若い会員が訪ねてきて、私に会いたいと名刺を出した。彼は大町から烏帽子岳（エボシダケ）と槍ヶ岳を経て、遠征して来たのだった。ほがらかで礼儀正しく、理知的な若い会員のようだ。

四時間もして、二人の小さな仲間は外に出た。

八月十九日　月曜日

午前七時、加藤夫人から親切に見送られ、親しみのある加藤惣吉（カトウソウキチ）の宿屋を出発した。「弁当」にと、私のポケットに大きなりんご二つを入れたり、強力二人には大変行き届いた指示をしたりしてくれた。その人夫は嘉門次の親戚だった。

上条(カミジョウ)カミノスケ……四十五歳〔上条嘉代吉、嘉門次の長男〕。
谷口(タニグチ)オトジロウ……四十三歳〔谷口音吉。明治三年生まれ〕。

晴れわたった朝が、私たちを上方へさし招いた。上条は重荷にもかかわらず、きびきびした歩調で出かけた。私たちはすぐにすてきな谷に下り、ときどき日蔭に沿って進んだ。七時四十五分には小さい祠（一里）。ワサビ嵐手(アラシテ)、ここで上条は休憩を申し出たので、八時までそうさせた。八時二十分に、小さな温泉の跡〔風呂平〕を通った。私が以前来たときには開設されていたが、古風で礼儀正しい老管理人が亡くなったため、七、八年前に完全に姿を消していた。八時五十分―九時、下女(ゲジョ)ケ沢(サワ)で草鞋を履く、二里（胡桃(クルミ)）。

出シノ沢の古い小屋跡に着く少し前、私は二人の日本人登山者から呼び止められた。この人は日本銀行の京都(キョウト)支店長〔結城豊太郎。のちに日本興業銀行総裁や大蔵大臣を歴任する〕とその友人で、京都の住友(スミトモ)銀行勤務の人〔今村幸男。このときは住友銀行京都支店長で、翌年、G・S・フェルタの日本山岳会入会を、ウェストンと推薦する〕だとわかった。

彼らは私が本人であることを解き当て、楽しくお茶を飲み、互いの幸運を喜んで名刺を交換した。

出シノ沢は十時七分に通過した。すぐ隣には雪崩の跡があった。十時二十分に、私たちは岩(イワ)魚留茶屋(ナドメチャヤ)にいた。二十年前、私とベルチャーが来たとき避難した、ちっぽけな掘立て小屋があったところだった。ここは島々から三里で、上高地温泉との中間の家といわれる。昼食ののち、私たちは十一時に出発した。道はだんだん険しくなったが、この道はそれでも以前よりはずっと改善された。前に登ったのはものすごく暑い時分か、雨降りのときだった。そんなあとだから、今日の経験は気分がいい。強力は今は遅れてしまったが、清蔵が私について来た。二人は徳本峠に十二時五十五分に着いた〔七千百フィート〕。三百ヤードほど下で木が開けるところへ下るまでは、穂高は姿を見せなかった。あいにく頂上は雲に隠れていた。

下りの中程で私たちは、嘉門次から手紙を預かってきたという若者から挨拶を受けた。嘉門次は陸軍の測量隊に、やむをえずついて行っているとのこと。島々の清水屋の主人でもある上高地温泉の主人が、私の活力低下を元気づけるために、親切にもビール二本を届けて来たのだった。槍ヶ岳まで持っていくには重過ぎるので、一本は送り返した。

徳本小屋〔上高地の奥の、梓川の白沢出合あたりにあった小屋〕には、ついに午後二時に到着した。ここで食事のため休んだ。荷物の整理が長引き、三時十五分までかかった。

私たちは川岸の森にある今夜の野営地に進んだ。十九年前、ミラー〔ラルフ・S・ミラー。明治二十五年にウェストンと登山をした〕と私が、楽しい一夜を過ごした野営地をちょっと行ったところだ。私のハンモックは二本の高い松の木に吊るされ、そのそばで火が焚かれた。食事がたっぷり並べられて、全員が楽しんだ。私のは煎った豆、蜂蜜つきトースト、ご飯、□□□〔判読不能〕つきの味噌汁があった。皆のために私が調理した。

風景も境遇も、まことにロマンティックだった。闇の中の松の静けさを破る音といえば、遠くの激流のうなり声と、ときどき人びとが交わす言葉だけであった。

木をくぐって三日月が輝き、穂高の尖峰が黒いシルエットとなって、大きく重く聳え立つ。ブレット・ハート〔アメリカの作家〕の有名な詩が思い浮かぶ。

松の上には月が傾いて漂い、下では川が歌う
おぼろげなる山並は向こうに立ちて、雪のある尖塔
気まぐれなキャンプ・ファイヤー
未熟なユーモアをそえて、健全な血色に色づける
くたびれし姿と顔を

午後八時に、二本の高い松の間にハンモックを吊ってもらい、その上にテントを掛けた。バーバリーの寝布にもぐり込んだ。まずまずよく眠れた。すぐに寝ようとしたが、私の身体と夜のそよ風の間隔はとても狭くて、夜用を着ていたがあまりにも寒く、そのために長いこと眠りつけなかった。

八月二十日　火曜日

五時三十分に起き、さっさと朝食をとって、荷物をまとめた。そして午前七時に出発できた。登る道が厳しくつらいことは最初からわかっていたが、左にある穂高の眺望は、壮大な絶壁の魅力的なパノラマで、普通の赤沢ルートよりも、すばらしい眺めだった。

屏風岩（ビョウブイワ）の垂直でものすごい花崗岩の岩肌が、生々しく目に飛び込んできた。右手にある横尾（ヨコオ）谷の激流の、低い裂け目を守る歩哨のように立っている。

この道は、急なうえにごつごつした石や巨大な岩ばかりのため、精一杯の力で登って行かなければならない。上条はこの日、何回も転んだ。この峡谷の徒渉が四度目にしては彼の体力は相当なものだが、徒渉結果は最高とはいえなかった。しかし、ここは変化があり、ほかのルートよりもここを通るほうが、おもしろさや雄大さで大変優れている。

六千三百フィートあたりで、十九年前に穂高で感じたと同じ、あの香りが私の注意を引きつけた。ここにも、野生の黒スグリが茂っているらしい。フランセスと私が八ヶ岳の西側で見つけたことがあったが、記録された例はそれだけであった〔八ヶ岳登山は明治三十七年である。同年そこに登った志村烏嶺が、北海道以外では未発見のトカチスグリを見つけている〕。

六千四百フィートの高さのところで私たちは最初の雪に出くわし、すぐに岩は小さくなって、険しさもなくなり、歩みは楽になった。

午前十時に、私たちは昼食のために半時間留まった。横尾谷の最初の大きな頂点のすぐ上で、涸谷（カラダニ）〔涸沢〕との合流点を少し越えたところ、標高およそ六千八百フィート。

十一時三十五分に、私たちは三つ目の頂点のてっぺんに登っていた。横尾（ヨコオ）大喰（オオバミ）の端だった。この荒々しい切り立った峡谷を見渡す大きい馬蹄形の「圏谷」。穂高の巨大なバットレス〔急峻にせりあがる岩壁〕と尖峰がうしろに控え、左向こうには木が茂る蝶ヶ岳（チヨウタケ）の大きい山稜があり、すばらしい。

ここから先は雪の上を歩くことになるが、道中にはかわいらしいイワカガミ、野生のテンジクアオイ、美しいハクサンイチゲなどがあった。

一時十五分に、私たちは大変急で滑りやすい登りをやりとげて、草におおわれた大喰の頭にたどり着いた。今日の道中でも一番てこずった斜面だ。来たときには、燕岳と大天井（オオテンジョウ）のほかは、近くの高い山頂がすべて雲に隠されていて、まったく失望した。槍ヶ岳の胸部からは、雪がかなりある斜面がずっと広がっていた。私たちは何か見えないものかと期待して、腰を下ろしてじっと見ていた。北側の斜面のハイマツの間に、キバナシャクナゲの群落があるのが見えた。

一時三十分に立ち去り、私たちは左の方へ下るとハイマツ帯に出て、お茶などをいれて半時間を過ごした（一時四十五分―二時十五分）。ときおり、霧の中に槍ヶ岳がちらりと見えた。険しくつらい登りを経て、今夜泊る洞穴（坊主小屋）に向かった。午後三時四十五分、ついに私たちはそこに到着した。すぐに、その「玄関」の外側で火を明々と焚いて、ここへ到着した四人のための歓迎を受けた。

洞穴の標高は九千百フィートで、槍ケ岳の頂上からは千二百フィートほど低い。何年か前に、その頂に初めて登った坊主（仏教の僧侶）〔播隆上人〕の話から、その名がつけられた。彼を記念して、外側のへりに小さい石碑が立っている。洞穴は内側にV字形にくぼみ、寝るときは、私はその左側が割り当てられた。私のテントや敷布などで、きちんと整えられた。

寝床に入る前に外に出て、三人が火を囲んで集まり、その顔を照らす火は周辺の山々の姿を照らし出し、雲のない晴れわたった空には星がかすかに光りはじめた。それはだれの目にも、絵に描いたような光景であった。

南の暗い山稜の向こうに月が出て、男たちが洞穴のそばで火を焚き始めたので、ついに、しぶしぶ床につくことにした。火がないと夜の寒さには耐えられない、と彼らはいった（午後七時四十五分、外の火のところで書いた。これから眠る）。

八月二十一日　水曜日

午前五時三十分に、ハイマツと筵のベッドから起き出た。夜は、ずっとよく眠れた。すぐに外で火が焚かれた。雲ひとつない空に、太陽がすでに輝いている。正面の遠くの方に、私が最初に登ったものの一つ、常念岳のなじみ深い優美なピラミッドがある。うしろには槍ヶ岳の「矢尻」が、青空を背に鋭くくっきりと立ち上がっていた。出発に際しておかゆ、コーヒー、にしん、蜂蜜つきのトーストで栄養を補給した。六時四十五分。

驚いたことに二人の強力は、嘉門次もだれ一人登ったことがないといっていたが、登ろうということになった。

それで、私は洞穴から右の方に進んでいった。半時間して、頂上のピラミッドに東南の基部から派出している稜線〔東鎌尾根〕の上に着いた。突然、すばらしい風景が私の目に飛び込んだ。目の前には、わずか六日前にフランセスと私が、全く反対側にある燕岳の花崗岩の頂上から、興味と喜びでじっと見つめた槍ヶ岳があった。今回は早朝のかよわい光に全てがきらめき、くっきりしていた。

午前九時〔あとからの書き込みがあるらしく、この日の記述は時間的に前後がある〕、槍ヶ岳の頂上。ここに仲間の名前〔複数になっているので、二人の人夫〕を書こうとしたが、仲間は字を書くことができなかった。

午前八時四十五分。このとき、槍の形をしていて有名な山頂の最高点に第一歩を印した。清蔵と上条は、「やった、ウェストン様（サマ）」とさけび声を上げた。続いての十五分間は、冒険の成功に息をつまらせて喜んだ。最初に二人の強力が同行を渋ったほどの旅だったので、なおさらだった。

鳳凰山(ホウオウザン)の大変な評判以来〔ウェストンは、明治三十七年に鳳凰山の地蔵岳のオベリスクにロープを使って人類初登頂をした〕、この槍ケ岳の東面やせ尾根征服〔外国人も日本人もだれ一人しなかったものを、今、私が登った〕はまことに最高で、私が日本アルプスでなした中で、真のスポーツ登山であったといえる。

これで登頂のルートは決まった。今まで道を極めようとした人たちに、どうして細部がつかめなかったのか、全貌が見えるだけに、かえって絶頂の見掛けに惑わされてできなかったのか、と考えるとおもしろかった。

私は稜線〔前述の東鎌尾根〕から本当に険しい雪の小峡谷へ下り、どうやれば足けりでステップを作れるのか、険しい岩がそびえているところで、どうすれば足場を固められるか、彼らに手本を示した。人夫たちは次第に上手になっていったが、清蔵の本当に熟達したクライミングには、だれもかなわなかった。

小峡谷への下り道で、私はかわいいミヤマオダマキ〔見事なオダマキ〕を見つけた。八年前に、甲斐(カイ)ケ根(ネ)〔北岳〕の主稜で驚嘆したのと同じものだった。A・J〔『アルパイン・ジャーナル』〕一七四巻、三〇九頁のフィンスターアールホルン〔スイスの山名。ユングフラウの東十二キロにある〕

の上半にある写真（A・V・V・R〔A・V・ヴァレンタイン・リチャーズ〕撮影）と同じ姿である。
登攀は、全行程で興味いっぱいであった。私たちの右側の眺望はこの上なくすばらしく、雪のある長い小峡谷が高瀬川の谷に落ち込んでいる。頂上に近づくにつれ岩が険しくなったが、私が大丈夫だといったので、彼らは思ったより怖がらずに登っていった。でもすぐにどうしようもなくなり、北側か東北側に迂回しなければと思われたが、ちょうど具合のいいチムニー〔岩の割れ目で煙突状になっているところ〕を見つけた。ロープを使おうとしたが、人夫たちが慣れていないため、それを着けるのはやめた。

今、実際の頂上〔槍ヶ岳〕が征服された。幅の狭い小さい頂稜で、一方の端にちっぽけな木の祠があり、十五ヤード離れた反対側に、倒れた三角点（サンカクテン）の破片があった。足下の眺めは、西側にやせ尾根があるだけだった。通常のルートは非常に切り立っている。

九時五十分に頂上を立ち去り、「槍」の根元へは一部を登りと違う最短距離で下った。

十時四十分に、私たちは洞穴に到着した。ここで、すぐに若い学生二人（とその案内人）がいっしょになった。彼らは、一八九二年にミラーと私が登ったと同じ徳本小屋から登って来た。その一人、ウネノ〔上野菊二郎ではないかと思われる〕は日本山岳会の会員で、バッジを着けていた。

湯わかしいっぱいのココアをひっくり返してだめにし、コーヒーを作り直して休憩した。そして、私たちは十一時四十五分に上高地への下りに出発した。

赤沢岩小屋（アカサワ）への下り道は、年寄にはきつかった。特に私の右足が道中の疲労でだんだん悪くなり、痛みだした（十五分休止）。私たちはよく目立つ「避難所」へ、ついに一時三十分に到着した。かつてここで、ベルチャーといっしょに不安と空腹の夜を過ごしたこと、その翌年のミラーとのときは心地よかったことを思い出して、おもしろかった。あたりにはたびたび使われている形跡があり、避難所を使った人が、見えないようにほうり投げた空き缶などがあった。

今では、とても痛くなりだした足の手当てで、四十五分はまたたく間に消えうせた。おおげさに足を引きずりながら、私は上高地への旅の最後の十五マイルに出発することになった。午後二時十五分。多少はなんとかなるが、ほかに仕方がなかった。

清蔵は、私が我慢できるように心掛け、（彼は自発的にやったので）痛みを感じている人を心から「心配（シンパイ）」したようだ。

ルートの様子は十八年から二十年前と現在を比べると、島々からの道は徳本小屋までばかりでなく、川の淵に沿って森林を五、六マイル先まで、ずっと良くなっているのがわかった。道は西側を通っており、測量隊の基地のために実際には当局の一行が作った、と教えられたが、牛の通った道が林道になっているようだ。横尾谷への小径は以前はなかったのか、私のリーダーである上条も知らなかったのか、以前と比べてひどいものだった。

赤沢（今では、普通にそう呼ばれると聞いた）ルートは、全くいらいらさせる密生した藪にあり、倒木や硬い鋭い石でかなり難儀だが、一方、川は今では六回徒渉するだけだ。以前は、七回かそれ以上だった。ともかくこのルートは、以前よりしっかりしている。

梓川の左岸の二ノ俣には、三時四十五分ころ。大天井山（オオテンジョウ）（地方では「ダイテンジョウ」として知られる）の雄大な眺めが開けた。ここで私はお茶を飲むため休んだ。生き返った心地だった。四時十五分に再び出発し、比較的楽な歩みで、五時三十分についに月曜日の野営地に着いた。野宿したときに失くした私のアルパイン・クラブのボタンを捜そうと、十五分を無駄に費やしたが、とうとう見つからなかった。火曜日の朝、荷造りのときに忘れた大きいりんごを見つけるという思いがけないこともあったので、まあ全くの無駄ともいえない。失くしたボタンのことを瞬時忘れたのだから、この結果で良しとしよう。

野営地の下で、私たちは最初の急流渡りをやった。早くも暗闇となった。あとは私の懐中電灯が頼りとなり、なつかしい赤石小屋〔赤沢の岩小屋の誤り〕から五時間ちょっとで、徳本小屋に午後七時三十分に到達した。

一八九一年、ベルチャーと私は赤沢小屋を出発、八時十五分。横尾から横尾谷、十時四十五分。槍谷、一時。徳本小屋、二時四十五分（徳本小屋で遅延）。徳本峠、五時四十五分。出シノ沢小屋、九時。島々、十一時四十五分。

ここで私たちは、今朝の若い登山者二人に会った。彼らは過度の疲労のために上高地まで行くのをやめ、その夜は陸軍の測量官たちとこの小屋に泊る。測量官は私の古いリーダー、嘉門次の案内のもとに、この周辺で作業している。嘉門次は、（遠縁の歯科医が、雇い人について評するには）この地域ではまことに「重要な鉗子」である。ルートや計画に関する全てのことが、彼に相談される。

ここで、嘉門次本人の登場となった。古い時代のお互いのことをたっぷり回想して、私は最高にうれしく、喜んで語り合った。彼は清水屋と温泉の主人、加藤さんから私が来るということを聞いていて、一週間ずっと毎日、私の到着を待って外を眺めていたのだという。

清蔵が槍ヶ岳への新しい登り道のこと、彼の特別禁猟区のことを話すと、嘉門次は興味深く聞いていた。特に新しい登り道を開拓し、右側にルートをとったのが私だと清蔵がいったときの、嘉門次の喜んだこと。彼は私に、明日いっしょに自分の狩猟小屋に来て、私の夕食用に鱒を釣るのを見ていくようすすめた。私は、足の痛みがなくなったら行く、と答えた。

最後のココアを飲んで元気を取り戻し、点かなくなった私の懐中電灯に代わって、提灯の金色の光に照らされて、午後八時十五分にこの日の行程の「最後の一周」に出発した。森林は暗闇で全く見通しがきかず、一時間の間、私たちは暗い静けさを横切って行った。

松の樹林とか、踏み板が揺れる素朴な橋の下で、素早く流れる川の音が遠くから聞こえるだけだった。道が急角度で右に曲がり、梓川を渡る電線用のケーブルで吊られた吊橋を通ったところで、やっと森林から抜け出し、梓川の右岸に出た。

ここで、大変美しい光景が現れた。行く手を照らすように、私たちの旅の最後を祝うように月が輝いた。両側には高い山の暗い輪郭が強くどっしりと立っていた。焼岳には煙が立ちのぼり、薄ねずみ色で北東に水平にたなびいている。川は、まばゆい光のもとで銀や鋼も削るほどの早さで、どんどん流れている。これら全てに、私は歓声をあげた。三時間前に陽が沈み、森の暗がりを一時間かかっただけに、温泉の宿の明りが木の間からかすかに光り、さらにひざまずいて思いやりのある出迎えを受けたのは、すばらしく得がたい経験であった。

加藤さんは私の居心地をよくするため、すぐに全員を動員した。私は宿の中で一番静かな最高の二部屋を与えられた（それに、これは私が今まで一九一二年に日本で訪れたうち、一番静かな温泉だ）。卵酒で元気を回復し、生き返った。温泉の最上級の間仕切で、私はほとんど眠ってしまった。続いて新鮮でおいしい、焼いた鱒の軽い夕食を食べた。

驚いたことに宿の物資には、外国人向けの質のいいミルクやシャンペン・サイダーなどが含まれていた。この二品は、元気回復の食物として相当な値打ちがある。私たちが到着したのは午後九時三十分だったから、十五時間近くかかったことになる。
かわいい小さな枕に頭を添えると、すぐ眠ってしまった。

〔八月二十二日　木曜日〕

そして四時三十分ころ、雄鶏の鳴き声と浴客のおしゃべりによって起こされるまで、死んだように眠った。しばらくは目を開けたまま横になっていた。昨夜運ばれた酸味のないアンズを口にしたり、のんびりと時を過ごして身体を休めた。また本当に眠ってしまい、前夜、清蔵が八時の約束で頼んだ朝食を、少しでも食べるかと聞いてくるまで眠ってしまった。九時十五分だった。

このあと朝の温泉での聖餐式をすませ、本物のコーヒーと、しぼりたての（すばらしい）ミルクが添えられた。この日の残りは読書したり、手紙を書いたりして過ごした。その合間に、もはや必要がないような物を荷造りし直して、島々へ送り出した。

幸運なことに、私の長期休暇が半分過ぎるまでのうちで、この日だけが雨降りになった。こうした日に必要があったり誘いがあったりして、外へ出なければならないことを思えば、屋内にいられてとても満足であった。

注記。いつにない牛の光景。

八月二十四日　土曜日

何だか荒れそうだが、申し分のない夜明けを迎えた。

午前六時に、私たちは出発した。嘉門次はカモシカの裏革のコートを着て、私の大きいリュックサックを運ぶ。それに清蔵、加藤さん（私が泊った清水屋、温泉の主人）と私。私たちは十五分間、徳本への小道をたどって、近道して左へ折れた。しかし、急流はあまりに深くて渡れなかった。ちょっと時間を無駄にしてしまった。

密生した笹と湿った茂みを苦労して一時間近く進み、適当な勾配の森林に入っていった。七時三十五分あたりで、私たちは嘉門次によると白沢（シラサワ）と呼ばれる石のある峡谷に入った。上高地から千百フィート上。ここからは左側に霞岳を伴った、乗鞍のすばらしい眺めを見ることができる。

この登りは長時間かかり、好きにはなれなかった。そこを離れて、強靭な壁の基部に通じる雪の斜面の方へ向かうとき、大変うれしく感じた。向こうには岳川岳（タケガワダケ）〔今日の奥穂高岳〕が聳えている。今はうしろに隠れている最高点の頂には、雲が巻きはじめている。右手は前穂高岳の基部をなす岩のふもとで、そこへは十九年前、嘉門次といっしょに第一登をやった。私は、前面が四角で見事な洞穴に注目した。これは野宿に適した場所だと思う。

雪のある斜面は二十分ほど続いた。それに取りかかるのに、私たちは嘉門次の古いロープと猟師用の手斧を使った。続いての二時間の作業は、私が日本アルプスでやった体験のうち、一番厳しいものとなった。私たちは二度目の朝食をとって、その作業に向けて自分たちを力づけた。

ルートは、割れた花崗岩の異常に険しい面の上を通り、ときどき思いがけない水路〔現在は水がない〕を通過する。やがて岩も越えた。ここでは、まばらだが強力で長い笹の茂みとハイマツが、唯一の手がかりであった。嘉門次は六十六歳〔数え年齢〕にもかかわらず、すばらしい身軽さと熟練で登った。彼は私が今までに会ったうちで、それなりに、最高にかけがえのない独特の人物だ。

この作業を一時間したところで雨になり、間近なものを除いて何も見えなくなってしまった。山稜に突風がうなりをあげると、想像を絶するほど荒々しい峡谷の上に聳えたつ、灰色の岩山や、三角形の山頂がかい間見えるだけだった。

風は四方から吹きつけ、雨は上からだけでなく、下からも吹き上げるようだった。すぐに私たちはびしょ濡れになり、寒さで各自の指がかじかみ、骨までこごえた。険しい岩場では何ともなかったのに、優秀な私の岩場靴が突然破れた。鋭い岩の縁や花崗岩の角が、ふやけた木綿の靴底を通して、激しく押し上げはじめた。霧があまりにも深く、峰々が次から次へと隠れてしまい、向こうにあるもっと高いのが何とか見えるという状況だった。

とうとう、後どれくらい持ち堪えられるのか、さらに進めるのか、これで正しいのか考えはじめたとき、雲が少し薄くなり、明らかに他のどれよりも高い地点がぼんやりと現れた。

「ここです。頂上です」と、嘉門次がほっとした様子で大声を出した。それは確かに〔奥穂高岳〕頂上だった。私のCBFバロメーターの高度は、明らかに約一万二百フィートを示し、公式測量の実測は一万百六十七フィート（?）であった。

ライン〔J・J・ライン。ドイツの地質学者。『日本・旅行と調査』の中に標高が記された〕、七十五頁。日本で花崗岩の山頂の最も高いのは爺岳（ジイダケ）、八千五百九十フィートだとしている。

槍ヶ岳に次いで、北日本アルプスの全ての山頂の最高峰である〔当時は、槍ヶ岳の方が高いと信じられていた。明治三十六年の小島烏水による『鎗ヶ嶽探険記』に、槍ヶ岳一万一千六百五十二尺、穂高山一万一千五百四十三尺とある〕。多分、より変化に富んだ登攀が、この穂高山塊の胸壁の尖峰でなされることになろう。中でも岳川岳は、日本のどこにあるものよりも、究極の山頂である。槍ヶ岳は、単独で直立する孤立した頂である。他のすべてから完全に分離していて、異なった構造である。しかし、この穂高山塊は尖塔が集団でそびえているので、人びとが何週間もあきずに登攀をすることができる。

私たちが頂上に着いたのは、十一時四十分だった。ホテルの広告にあるような「長期滞在する価値がある」ものはなかった。実際の頂上で、小さな青いホタルブクロと黄色いミヤマキンバイに注目しながら、二分間お互いを祝福した。これが、お互いを満足させようとした全てだった。

私たちはかなり早く登ってきた。登るにつれて雨と風と寒さが、どんどん厳しくなった。それに三十分早かったとはいえ、六時間近く厳しい登りを実感するのはきつかった。しかしながら不快さにもかかわらず、嘉門次が十七年前、熊狩りのときにこのルートを見つけたのを除けば、日本人もヨーロッパ人も、どちらも成したことのないものだ。もう一度仲間たちがそれを実行したのだ。すごく満足のいくものだった〔直登ではないが、ウェストンの奥穂高岳登頂の十一日前、鵜殿正雄が南西の稜線から登頂している。鵜殿は明治四十二年に穂高―槍初縦走のときも、奥穂高岳を踏んでいた〕。

「壁」を下るのは、登攀よりもっと骨が折れる仕事だった。だから、心から熱望した感激にひたってはいられなかった。高所に雲があり、晴天は当てにならない。私たちは注意深くチェックして、正しい方角に向かっていると確信した。その終りがけが、登攀全体で最も危険な部分だった。十分用心したので、何も重大なことは起こらなかったが。

私たちの行く手で、先程は水がなかった水路が、今では長い滝になっているところを下った。けれどもこのときすでにずぶ濡れだったので、岩場であろうが、草に濡れようが、水に浸かろうが平気だった。私の岩場靴はほとんどパルプの状態であったが、私たちは雪渓を越えて急いだ。

白沢の頭で、軽い食事のために五分間休んだのを除けば、休まずに進んだ。そこを立ち去るとき、加藤さんは思いやり深く、雨が降ったらいけないと二人の人夫に申しつけて、莫蓙と丈夫な油紙を持ち出した。それでも濡れたが、多少は暖かくなって、楽になった。

岩場を下って森林に入るとすぐ、私はまた黒スグリを見つけた。これは「蜂（ハチ）ノブドウ」とか、「岳（タケ）ノブドウ」「サショウブドウ」「スグリ」（松村（マツムラ）教授〔松村任三。東京帝国大学植物学教授。ウェストンは、明治三十七年にも鳳凰山での植物鑑定を依頼した〕と比較）といろいろの名前で呼ばれる。

笹の滑りやすい茂みを通過すると、今度は流れや泥沼を通ることになった。早朝の流れは今やごうごうと音をたてるほどだった。運よく、必要なところに幹の太い木があり、安全に渡ることができた。幅は広く浅い流れで、たくましい強力の一人が私を「背負い」渡ししてくれたが、途中で流砂に足をとられ、動けなくなった。私もだったが、彼もぬかるんだ砂状の底で足を何回も引っぱって、やっと抜け出すことができた。梓川を通過するときは、細長い水たまりの連続であった。

上高地へ到着する直前、わくわく興奮するような出来事があった。私の前にいる強力が、立ち停まって私のアルペン・ストックをつかみ、手を振って静かにするよう皆を制した。よく見ると、そこに獲物がいた。他の者は皆、川岸の茂みにあるその地点を取り囲んだ。草の中にうずくまっている。棒の強烈な一撃で、野うさぎは死んだ。

上高地には午後四時二十分に帰着した。全行程で、嘉門次が計算したのより二時間近くも短く、わずか十時間半たらずであった。温かい風呂、温かい卵酒、温かいベッド、思いのほかの歓迎となり、ものすごく楽しかった。

大勢の登山仲間たちが私たちの登頂の成功を知って、陽気ではあるが、きちんとまじめな宴会が開かれた。それも、よくない条件のもとで成し遂げられた登頂だというので、一層盛り上がった。

八月二十五日　日曜日

昨日の嵐のあと、すばらしい朝だと思ったら、のちにいつもの夕立（ユウダチ）があった。終日休息して読書や手紙を書いて過ごすに越したことはない。一日をのんびり過ごすには、これ以上落ちついた場所はないだろう。もっとも、酒酔いの画家や、たびたび□□□〔判読不能〕する騒がしい学生から、解放されたらのことだ。

午後遅く、嘉門次の笑い声（これは、一度聞いたら忘れられない）が、階下から聞こえてきた。私に特別に差し入れするため、彼はすばらしいイワナ（鱒）を束にして、持って現れたのだった。実に彼の厚い友情は、加藤さんの友情と同じく、ともに私を包んでくれる思いやりのある接し方だった。日本の山岳放浪の経験の全てで、この上ない光栄であり、その思い出は決して消え去らないであろう。

八月二十六日　月曜日

日曜日の午後の雨のあとの、すてきな朝を迎えた。

前もって荷造りはすませていたが、出がけに造り直す必要があった。加藤惣吉と私は、午前六時十五分に出発した。嘉門次の徒渉地まで一時間近くかかり、寄り道をして彼の「別荘（ベッソウ）」を訪れ、八時までいた。七時十五分―四十五分を、「別荘」見学などに費やした。それは梓川の右岸から百ヤードとはない、林の中にあった。

傍らに、小さな「静かな池」が二つあり〔明神池〕、嘉門次はそこで鱒を捕まえる。この池は、彼の特別保護地のようである。池の手前に三つの小さい木の祠が立っていて、「穂高（ホダカ）ノ明神（ミヨウジン）」が祀られている。このため、そこの山は別名を「明神岳（ミヨウジンダケ）」とされる。

私は嘉門次の「狩猟小屋」の中に入り、その調度品や手荷物を見て回った。それら全てが狩猟用で、彼が一人で整備し、自分で使うものだった。彼は、米国大使館のアーネル氏が自分の息子に売ったというウィンチェスター銃を見せてくれた。それに、いろいろな履物類、例えば冬の雪中で熊狩りするとき履く毛皮の靴、雪靴など。雪はここでは、時おり五フィートかそれ以上積もるという。

前面に「新鮮な獣肉」の塊を吊り下げた「別荘」を立ち去り、私たちは徳本小屋に来た。そ

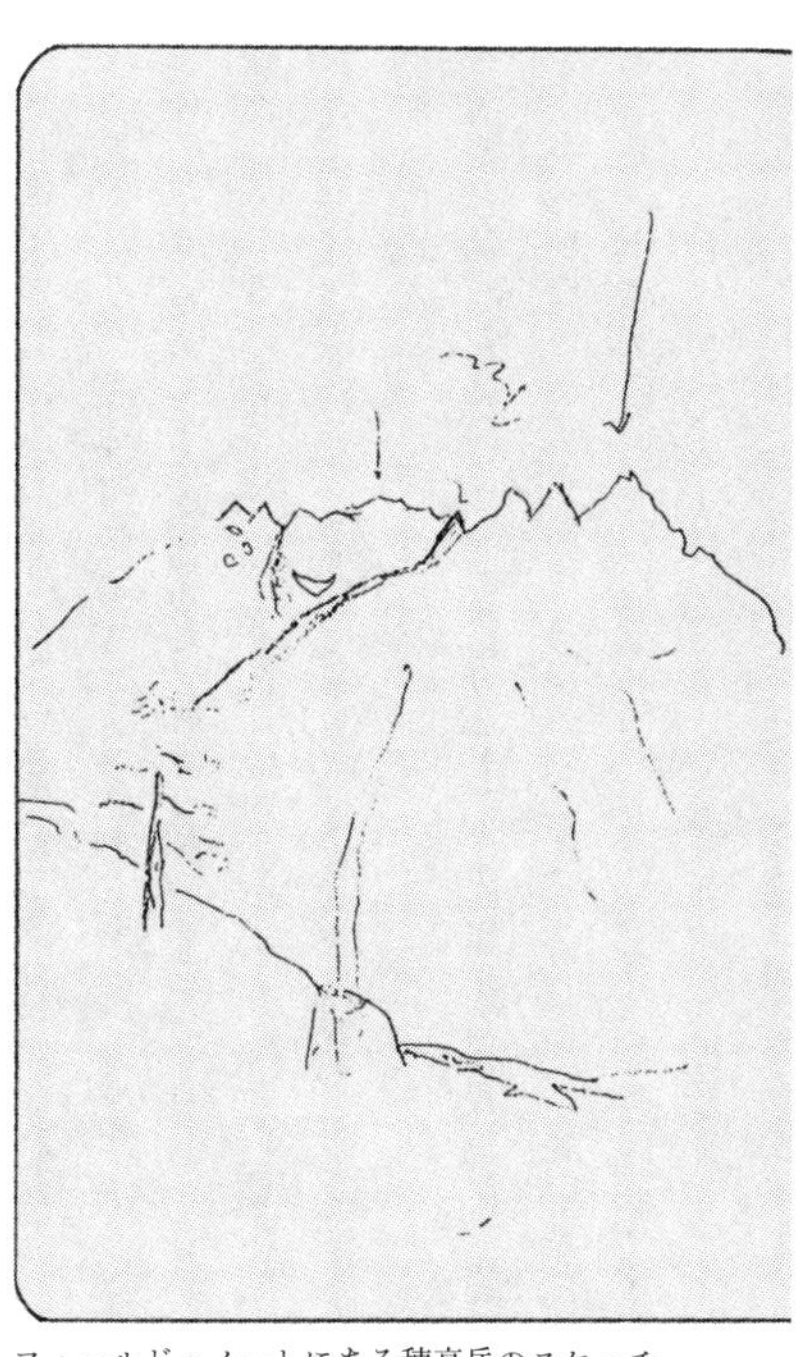

フィールド・ノートにある穂高岳のスケッチ

こで嘉門次が管理人と話をしている間、また待たされた。

九時二十分に徳本峠に着いた（峠の峰二百フィートほど手前で、穂高や岳川などをスケッチしたり、眺めたりするため二十分間休んだ。雄大な眺めだった。八千五十フィート、CBF）。九時二十五分、清蔵といっしょに下った。ジグザグに急いで下りたが、日蔭だったので助かった。十時十分に岩魚留茶屋に着いた（CBF、五千フィート）。昼食のため四十五分間休み、十時五十分（ママ）に島々に向かって進んでいった。

清蔵と私は先に行き、十二時五十分に島々に到着した。硬くて尖った石がごろごろした長道中、私の靴底はよくもち堪えた。石さえなければ、良い道なのだが。清水屋に行くと、フランセスから手紙が届いていた。文明社会に戻るために荷造りするのは気が沈むが、手紙のニュース（！）を読んでいるうちに、いやな仕事も終っていた。

最後に、来年また来い、奥様（オクサマ）を連れて来て下さいという、熱心な勧めを繰り返されたあと、私たちは最後のサヨナラをいい、三時十分に嘉門次、清蔵、私と荷物を乗せた馬車が動きだした。日本式の二輪馬車（trap）の轅（ながえ）に繋がれた馬は、私がこれまで見たなかで最もたくましくて健康的だった。乗っていること自体、気持ちよかった。状況を考えればなおさらだ。大きい白い馬は、道にいる他のどれよりも優れていた。

馭者はとても「ハイカラ」だった。私の日除けになるほどのパナマ帽をかぶり、白い綿の手袋で、腕時計もはめていた。それで、彼は一生懸命に仕事ができるようだった。

出発のとき、私と嘉門次が隣合わせの座席に着くと、嘉門次は穂高の王で、ウェストンさんは槍ヶ岳の王だと、加藤さんがいった。それで私が、それなら私たちは二人で山の二王（仁王）

嘉門次小屋と嘉門次

だと話した。穂高ですずめ蜂にさされた時、嘉門次を仁王だと評したが、これで二王になった〔明治二十六年に前穂高岳に登った帰りに、嘉門次とウェストンは二人ともすずめ蜂に襲われ、その晩ウェストンが熱を出した〕。

私たちは午後五時三十分に、松本の駅に近い飯田屋〔松本駅前の飯田屋。木造三階建てで、一部四階があった〕に到着した。部屋はさっぱりしていたが、接待は粗末、食事はまずまず。料金は法外だった。私については二円五十銭、清蔵と嘉門次については一円五十銭。風呂は熱過ぎて入れない。悪臭がひどい。最初に入ったところは三階の部屋だった。夜中じゅう、駅の騒音。ほとんど眠れなかった。

〔八月二十七日　火曜日〕

四時三十分、起床。午前五時三十五分の汽車で出発。篠ノ井では城屋〔篠ノ井駅前にあった〕に行き、髭をそった。八時四十二分出発、軽井沢に十一時三十五分に到着した。

富士山の登攀〔メモ書きらしい〕。

シルク・ハット、自動車、気球、駕籠、台風。

私は五月と決定した。冬の雪がかたく覆っている間に。

ナウマン〔エドムント・ナウマン。東京開成学校〈のちに東京帝国大学〉の地質学教授。フォッサ・マグナを発表して知られる〕「ジャパン・ヘラルド」にある『マリー』一八八四年第四版〔ジョン・マリー社発行の『日本旅行案内』。この年の五月に、改訂第四版が発刊された〕の書評、三十二頁。

妙義山は大きくて鋭く、深く尖った鋸歯状の岩脈を呈している。ひとつの中心部から四方に派生しているのは明らかである。その最高点はおよそ千百メートルで、おそらく大変古い火山の残骸である。

そこの峰（白雲山（ハクウンザン））に登るのは、かなり危険な企てであり、絶壁を見ただけで目まいを覚える西洋の旅行者には、お勧めできない。でも登山が荒っぽくて、難しいことに喜びを感じる人たちは、白雲山の登山の機会を逃すべきではない。蠟燭（ロウソク）岩は、大変目立つ針峰あるいは蠟燭の形をし、金鶏山（キンケイサン）の突出部の一つであり、その尾根の北西端を形成している。

九月四日　水曜日

フランセスといっしょに妙義へ行くため、午後三時十分の汽車で松井田に向けて出発した。曇り空のもと、駅から一時間ばかり歩いた。途中で清蔵に出会えた。いつものように菱屋に滞在したが、今回は最上階の隅の部屋に陣どった。他の部屋より新しくてよい。ベランダには、丸机と椅子二つが置いてあった。

清蔵は長年、妙義の頂上や山稜について指導的案内（アンナイ）あるいはガイドであった。過去十五―二十年の間に、外国人登山者の三つのパーティが登攀を試みたが、山稜の中程にあるギャップで行き止まり、どれも戻ることを余儀なくされた。清蔵がいうことに、その先で私たちも行き止まりになるのがわかることになると。

この頂上の最初の登頂は東側からで、十二年ほど前、東京帝国大学のウェスト教授によるものだった。それまでに彼のパーティも、西側の山稜から試みて追い返された経験を持っていた。多くの日本人登山者も、これまで何回か挑んだがだめだった。このため、私たちは「人間返（ニンゲンガエ）シ」と呼んだ。

私はあとになってJ・P・ファラー（アルパイン・クラブ前会長）から、一八九九年十一月十日に彼がそれらに登ったと教えられた〔ファラーの会長の任期は、一九一七年十二月から一九年十二月なので、ウェストンはそれ以後に書き込んだ。日記には、ファラーの字による登山メモが貼付されている〕。

九月五日　木曜日

〔以下、日記は一葉欠落している。その部分を、『アルパイン・ジャーナル』第二一三号のウェストンによる「北日本アルプスの探検」から採録する。

筆岩では、とてもスリリングな瞬間が起こった。すばらしい根本清蔵が、ちょうど溶岩の狭いところを渡りきった。三十フィートほどの長さだが幅は十八インチしかなく、両側とも完全に百フィートが、全部ではないが切り立って、険悪な落ち込みがある。蜂の巣は崖に垂れ下がっていて見えなかったが、激怒したすずめ蜂が清蔵のうしろでぶんぶんいって、まずいことに短く刈った彼の頭のてっぺんを刺した。数秒のうちに、はれが片方の目にまで達して塞いでしまった。さしあたり私たちは無事だった。登攀の成功と同様に、どうなることかわからなかった。清蔵のもう一つの目が塞がって、事態は非常に深刻になった。幸運にも毒はそれ以上に広がらず、彼は案内できるようになった」。

すずめ蜂はフランセスにも軽く触れたが、無事に逃げた。この地点を私たちは「蜂ノ渡リ」と名付けた。

この先は、登攀全行程のうち一番困難な部分となった。高さが四十八から五十フィートほどの、ほぼ垂直で岩がむき出しの、すごい形相をしている壁で、全員が申しあわせたように右に別のルートを捜そうとした。左は問題外だった。ところどころ、すずめ蜂の巣で道が塞がれていて、ものすごく切り立っているし、滑りやすくて登れないのは明らかだった。そのため一人ずつ別々に引きさがった。

清蔵が自分で壁の右を注意深く観察し、「ここしかない」という結論を出した。もはや直撃するか、止めて帰るかだった。清蔵は下から行く手をさぐりながら、切り立った絶壁を一歩一歩這うように登っていった。残りの者はそれを見守り、励ました。

しばらくして、私たちはたくさんの見物人に気がついた。この中には清蔵の父や別に二人の案内人がいて、向こうの茶屋や近くの山間から、私たちの進行をはらはらして見ていた。ようやく頂上に達した。私たちへの問いかけに答えて、「大丈夫デス（ダイジョウブ）」「申し分ない」の大声を出した。感激の叫びだった。

清蔵は頂上の適当な木にロープを結び、それを投げ下ろしたので、私はフランセスの腰に巻きつけた。彼女はそれを伝って上方へ登りはじめた。彼女は偉大な勇気と手際よさで、最大級の登頂を成し遂げた。続いて私も登った。今まで日本で経験したうちでは、鳳凰山が一番に難しかったが、今日のこれも、それに次ぐものだった。

そこから上は簡単で、ついに午前十時、一時間半の精力的な苦闘のすえ、私たちは山頂に立った。私たちが一人ずつゴールへ到着するのを見ていたはるか下の見物人から、「万歳（バンザイ）」の声が上がり、やまびことなって轟いた。

鉛筆も紙も、もちろん訪問カードも持っていなかったので、私たちは、いつものやり方で登頂の記録を残すことができなかった。しかし、小さい飴の箱の中味を食べたあと、後で来る人が見つけることを願って、私はそのふたの内側に私たちの名前を刻んだ。

きつい作業をやり終えて、半時間ほど気分よく休憩した。私たちは下りについた。頂上から茶屋へ要した時間は、前回よりやや少なかった。

ここで昼食をとりながら、鏡岩に行くかどうかを話し合った。一か月前、長期休暇が始まって私が軽井沢へ行くとき、清蔵と私が初登頂した山だ。はじめ清蔵は、今にも雨が降りそうだから止めようといったが、慎重にやるなら行くという意見で一致し、出発した。

やがて、私たちは天狗岩（テングイワ）の頂上に来ていた。ここで私たちは不要品を残し、天狗岩の髭すり（あご鬚をそる岩）として知られる裂け目を用心して下った。そこは滑りやすく、つかまる物もないので、背中や腰が痛くなるような作業を強いられた。天狗の髭すりを通ると左に進む岩棚に出る。天狗岩に続く峡谷と、鏡岩のずっと右にある大きな狭間とが交わるところである。岩棚の向こうの端で、私たちはロープを木の幹に巻きつけ、天狗岩に続く峡谷がはじまる、十か十二フィートくらいせり出した岩を一人ずつ越えた。

その地峡を渡り、私たちは鏡岩への狭間胸壁の左手の壁の基部に来た。清蔵は先の曲がった杖の助けを借り、勇敢に力強く猫のようによじ登った。その頂上へ登り、彼はロープをくりつけて、私たちが登れるようにロープを投げた。時間もかかり、厳しい労働ではあったが、フランセスは以前同様、下からの手助けなしで登りきった。やがて、私たちは胸壁の狭間の上を横切り、右手の険しい壁を下った。それをやるのに三度目のロープが使われた。

ついに私たちは、巨大な鏡そのものに向かう道を押し進んだ。左側をまわって通過し、鏡が載る台の役目をしている壁の端に立った。濃い霧が眺め全部をぼかしてしまい、雨が降ってきたので遅れは許されなかった。一か月前に鏡の遠いへりに結んだ私の手拭はそのまま残っていて、それを頼りに通過した。

鏡岩の底部と、それが立つ頂上との間の首に当たるところを、用心して腹ばいで回った。これは足を踏みはずすと二、三百フィート垂直に落下する絶壁で、登攀の中でも最も気を遣う部分だ。私たちは鏡岩の底を回るときに、ときおりロープを使った。両手両足全部で這って回った。そのあとは前回通りであった。私たちは四十分ほどで小さい「障害」を一周し、十分近くを休止に費やした。

妙義村に戻ると、清蔵の家〔妙義町二九番地〕に上がって、彼の母といっしょに雑談をした。彼女は「桜湯（サクラユ）」として知られる飲み物、つまり桜の花を浸して浮かせた湯を出して、私たちを誉めたたえた。

新しいルートから私たちが筆頭岩（ヒットウイワ）の登攀に成功したことを、一日が終る前に村中の人たちが知っていた。

九月六日　金曜日

街路を通って駅まで行く間、私たちは大勢の人びとの好奇心と、いくらかの人たちの祝辞の的となった。

それほど興味もない多くの人びとが、私たちの登頂を目撃してくれたのは幸運だった。さもなければ、清蔵があとでいったように、同じ目的をもった競争相手がねたんで業績を認めず、私たちは「蜂の渡り」までしか行けず、意思破れて戻ったと言いふらしたかも知れない。

金曜日が晴れていれば、私たちは白雲山に隣接する山頂、相馬（ソウマ）の登攀を楽しむつもりであった。妙義山群の最高峰といわれる。今までそれは、清蔵と陸軍の測量官一人が行ったことがあるだけだった。しかし私たちは、次の機会までとっておくことにした。

九月七日　土曜日

金曜日の昼、軽井沢に戻るまで雨が降り続いた。私たちがこの年のいとまごいを述べ、午前八時十六分の汽車に乗ったときも、再び降っていた。

私たちは、「各駅停車」で横浜へ向けて出発した。

いつもはうんざりする松本への七時間の旅だが、今回はそれほどでもなかった。煙っぽいトンネルではいつもより汚れなかったが、雲が重苦しく山麓から上にのしかかり、日本アルプスの巨大でどっしりした姿は完全に隠れていた。

私たちは塩尻で乗り換えのため一時間待った。三十分くらいはお茶を沸かして過ごした。プラットホームの人びとは、茶を沸かすのを異常ともいえるほど興味深そうに見物していた。私が、見物料金は一人あたり五銭だというと、皆がどっと笑って喜んだが、まさか払う人などいなかった。

村井(ムライ)と辰野(タツノ)の間では、川の風景が大変印象的だった。

岡谷(オカヤ)は、この前私がこの地に来たときも、栄えていた村であったが、現在は、製糸工業で忙しい村になっている。ここの製糸工場からは、一群のひょろ長い煙突が林立していて、上空へ汚れて不潔な曇った煙を濃くはき出している。五千か六千人、ほとんどは女性と少女が雇われている。近年、貿易は異常に急速に増大した。その勢いは間違いなく、天竜川から電力が提供された結果であろう。

電力と鉄道の敷設は、この地方の村々の性格を一変させた。十年前は道ばたの小村落でしかなかったが、今では、だれもが知るほどの村に発展している。逆にそれだけ、興味がわく場所ではなくなった。

あきあきする旅をして、私たちはようやく日野春駅に着いた。ここでは俥をつかまえることができず、運送店(ウンソウテン)に行くと主人は、やせた、おこった目つきの乱れ髪の若者を紹介した。私たちはこの週末を、以前何回も滞在したことがある、台ヶ原まで行こうとしているのだが、この若者はそこまで四マイルの道を、釜無川の網目のようにくねった流れに沿って、流れを越えたり遠回りをしながら、私たちの荷物を一円五十銭で運んでくれるという。

霧雨で、暗闇が迫った道のりは、途中で馬の背の荷物を直すのに手間どったので、二時間近くかかった。私たちが進んできた道も、周囲の山々も見えなかった。私たちは竹屋（タケヤ）〔甲州街道の台ケ原宿の宿屋、竹屋仁左衛門。当時の主人は宮川重継。ウェストンは明治二十五年と三十六年に宿泊したと推定できる〕に泊った。八年前〔明治三十七年〕に、駒ケ岳から高遠（タカトオ）へ抜けたときにも、ここに泊ったことがある。

一階の部屋には繭が積み重ねられていて、ほかの部屋は上も下も、すでにたくさんの人が眠っている。主人は最初、これ以上の客は無理だと思っていたらしい。しかし清蔵が、宿の人には手間ひまかけないからと必死に頼んだので、やがて彼もだんだん柔軟になってきた。

私たちは、清水〔清水長吉。中巨摩郡芦安村の案内人夫。明治三十五年から、ウェストンを南アルプスへ案内した〕と私が最後に訪れたときと同じ、最上の二部屋を与えられた。私たちが、床が用意できたと起こされたのは、真夜中近くであった。

九月八日　日曜日

雨はずっと降り続いていた。午後五時あたり、あいまに私が村の通りに散歩に出かけたとき以外、ほとんど一日雨だった。

九月九日　月曜日

夜中に思いがけず腰痛に襲われ、深い眠りが破られたが、起床のあとは、痛みと硬さが和らぎはじめた。

晴れわたった天を期待したが裏切られ、雨はいつ止むのかと思うほど降り続いた。それでも私たちは午後には活動を開始し、甲州街道を一時間近く歩いていった。そこで右にそれ、険しい尾根に向かって原野を右に横切った。

十五分ほどして、古い寺院「実相寺（ジッソウジ）」まで来た。その庭には、風雨にさらされた、こぶだらけの年代ものの、日本で一番古い桜の木〔北巨摩郡武川村の実相寺にある「山高の神代桜」〕が、四方を木の柵で守られるように立っていた。フランセスは幹について推測し、木の柵が水平で十五フィート角なので、恐らく、桜の実際の寸法は直径十二―十四フィート、周囲が四十から五十フィートと思うとのことだった。

『日本旅行案内』の注意書きによると、その桜の木は台ヶ原から最短ルートで十八町とあり、この地方の人びとも一里だという。私たちが来たのは、壊れた橋を迂回したこともあって、少なくとも一里半だった。

帰路、私たちは見事に熟した、すばらしいぶどうを手に入れた。

九月十日　火曜日

フランセスの誕生日。この年に一度の大きな祝いを、いつもなら、私たちは山の上で行なうつもりでいた。しかし、降り続く雨で、話にもならなかった。

午前八時十五分に、悲しみいっぱいで台ヶ原を発った。馬車で韮崎へ、それから鉄道。馭者にとっては気の毒だったが、とんでもない男が現れた。道路や川岸の壊れたところに飛び出すわ、車軸のあいだに入るわ、馬車をうんうんと引っ張るわで、手の施しようがなかった。甲州街道を下り、私たちは先へ進んだ。ちょうど八年前、茅野から韮崎への馬車は、やはり二時間かかった〔一九〇四年〈明治三十七年〉に八ヶ岳に登った〕。

備忘録

〔以下、登山日記の末尾に記されているが、文字が極端に小さく、コピーでは読みとれない字が多い〕。

湯本（ユモト）市街電車規則、第九条〔箱根登山鉄道の湯本駅と思われる〕。

「酔った者、狂気の者の乗車は許可しない。保護者なしの子どもも同様」。

「駅員の主たる業務は、旅行者に十分に食事を与えること」。

一般的な心がまえを表現する。ふさわしい動機、希望あふれる。日本は全ての欠点を無くしている。唯物主義。

注記。ドイツ崇拝。


何といっても、私は山を美的に鑑賞するときだけでなく、人間ができる最高の肉体のレクリエーションとして登山したとき、神の愛が成長し、拡大するのを感じる。こういうとき、希望が胸いっぱいに躍動する。最近の日本の若者は、提示した物のみを崇拝する風潮がある。人間が物質の力より優れていて、超越しているのは、自分で自分の殻を破って外に出て、人間の手によって作られた大都会を離れ、神聖な場所に出かけることの何とすばらしいことか、と感じるようになれば、だんだんわかってくるものだ。そこには人間の心に訴えるものがあり、中でも人の心に深く浸みるのは、広範に支配する力であり、全知全能の神の力である。

これは、目で見て得られるものではない。日本人は、信仰の対象を失いつつある。ドイツ崇拝だ。

日本の登山者は、この国の数多くの山岳からの眺めが、次第に狭くなっているのを実感している。井の中の蛙。本を通して天上を調べる。優れた雑誌が出版されているが、まだ□□□が不足している。

目（メ）グラノ鏡（カガミ）、盲人に鏡。
猫（ネコ）ニ念仏（ネンブツ）、猫へのお祈り。

参照。日本山岳会の例会。参照。小島〔烏水〕の手紙、等。
注記。近代日本の登山家の考える穂高。
日本の□□□、穂高岳、槍ヶ岳を比べる。□□□。

昔からの先輩たちが失敗した場所で、私が成功したことを記念して神社を建てるべきだと、土地の猟師の代表者が申し出てきた。弘法大師を祀ってではなく〔おかしなことだ〕、鳳凰山の山の神を祀って建てるべきだという。日本山岳会がすでに述べたように、神社建築としても最も畏（おそ）れ多い発言で、私は驚いた。今まで受けた名誉のどれにも勝る、この上なく衝撃的な申し出でびっくりした〔ウェストンが鳳凰山地蔵岳のオベリスクに初登頂したとき、案内の人夫が、そこに神社を建てて神主になれと進言した〕。

しかしながら、文書は登山ばかりでなく、明科の□□□も□□□である。

大天井（燕、有明、中房温泉の覚え書）。

槍。

穂高。

新しい宿〔翌年完成する、上高地の養老館〕、公正な加入がおだやかに□□□。私が案内書に出す。

妙義。

富士。

模型地図。

私の最後の文（一九〇六年）で、私は日本山岳会の誕生を報告した〔その年の五月一日に、アルパイン・クラブで日本山岳会の設立を報告した〕。

シナ・チン、急速な発展（七百五十人）。注記。私の講演。朝日（アサヒ）〔新聞〕。

その上、自分が子どもの親となった人が多数。日本の山岳地方の多くに、たくさんの同好会が現れている。大学や学校の実例。比較。英国山岳会。

クリケットやフットボールではなく、毎夏、四分の三の山に設備が新設され、主要な登山は科学調査や精神休養をかねて、学生団体が中心になっている。比較。高等師範学校隊、上高地。ひっきりなしの学生、画家、地震学者。何人かの牧師の登山パーティにも、たびたび会った。氏名と本人からの引用。それに大学教授、等。

これは教育を受けた階級で、主要な核となる登山者である。山国、日本のより近づきやすい山で、自分たちについて深く考え、内側の神秘を貫く努力に耐えてきた。不得意を改善するという偉業が可能であり、決断力がないのは、まねることはない。

弘法大師が主要な登攀を成し遂げたのは、登山愛好者だったからではなく、山の崇拝者だったからだ。彼の名言の一つには、「山は、それが高いから崇高なのではなく、木が繁っているからだ。同様に、人間は骨格があるから崇高なのでなく、知恵があるからだ」といっている〔中国の『実語録』に、「山高きが故に貴からず、樹有るを以て貴しと為す」がある〕。そして彼による別の、中国の□□□から引用すると、「山は高いからでなく、そこに聖者の住いがあるから、すばらしさを与えてくれる。水は単に深いからでなく、そこに□□□が住んでいるから、名がある」。

日本の伝説、神話は山に関するものが多く、特に高い山の峰から流れ落ちる破壊的な水に関するものが多いのに気づくと、興味深い。

立山、のろしの山として一般には知られている、北日本アルプスで特に有名な山の一つは、そこから富山湾の東に日本海を見下ろす場所にあり、竜山（リユウサン）、竜の峰、という古名もある〔当時、地元では立山を「りゅうざん」とも呼んだので、ウェストンが間違って理解した〕。山頂は花崗岩で、北側はものすごい火山活動を見せている。注記。一九一四年に訪れた〔この記述から、二年後の一九一四年よりあとに追記されたことがわかる〕。

山岳の激流が何回も氾濫し、西海岸の富山平野いっぱいに広がって肥沃な平野を作る。

私は、南日本アルプスの鳳凰山の最終峰〔地蔵岳のオベリスク〕に挑もうとして、できなかった賢人が述べた、彼のつらい体験についての漠然とした記憶に潜んでいる警告を、考えたいと思いはじめた。

それは登山の大変な失敗で、弘法大師の名が係っている。彼の試みは千百年ほど前に企てられたのであろう。それ以来、鋭い奥歯に似た山塊は、一九〇四年に私が登るまで、恐れられて放っておかれたらしい。彼の登攀については、A・Jの中に報告されている〔一九一六年二月発行の『アルパイン・ジャーナル』に、ウェストンによる「南日本アルプスの登山と日本山岳会」があり、明治三十七年の鳳凰山初登頂も記されている」。

弘法大師の到達したといわれる最高点で、時が過ぎてこけむした聖人の像を見せられた。伝説が伝える登頂を□□しようと、信心深い□□□が運んで安置したといわれる。それは、いくぶん暗示的で、びっくりさせられた。

山岳を愛好するのは、進歩した文明社会で味わえるものではない。それどころか健康的で素朴であり、人間だれにも共通の本能である。

代名詞の一つ、五筆和尚（ゴヒツオシヨウ）、五本の筆の僧。

一般的な解釈は、同時に五本の筆で書くことができるということ。すなわち両手に一本ずつ、両足の指でつかんで一本ずつ、一本は口で。五つの違った種類の字を書くという特殊技能を示している。彼〔弘法大師〕の師、般若三蔵から伝授された。

注記。日光での碑文。

日本の登山は、レクリエーション、スポーツとしては歴史が浅い。山岳巡礼は大昔の起源だが、本来は純粋に宗教上の目的のためだった。事実、最近まで日本の高い山々は、個人的、芸術的に楽しむのはあきらめて、宗教的に登る対象だった。

それについては、古代ギリシアの特性との対比で、『山岳と人類』と題する彼〔ダグラス・フレッシュフィールドが執筆している〕の魅惑的な文献が□□□している（G・J〔王立地学協会発行の『ジオグラフィカル・ジャーナル』〕、一九〇六年）。

日本の最も初期の形態。

登山の父、宗教目的であっても、最初にある程度の高さまで登ったといえるのは、弘法大師であった。ではあるが、千百年もの間、架空の伝説が彼を崇めさせることになり、人の心を惑わしているので、□□□の光を薄めなくてはならない。この僧は、思想家としても芸術家としてだけでも、明らかに非常に卓越した人物であったのだから。

九世紀に中国に渡ったおり、㈠書の道、㈡仏教、を全て修めたが、真義の深さに帰すことを覚り、書物を残そうとはしなかった。日本に帰国すると、彼は登りやすい山に一人でたびたび入っていき瞑想していたと、古い文献が危険な□□□を伝えている。

中国の古代文明の謎。

各種の意外な対比。利用されていない発明、独創的ではないが利用できる。

料金制辻馬車、紀元四世紀。

指紋転写、同七世紀。

航空機、遠い昔。

フットボールは、五世紀の大衆ゲーム。七十種類の違った蹴り方。勝者は高額な報酬を受け取ったが、負けた方のチームの主将はむちで打たれ、他にもさまざまな屈辱を受けた。ポロは七一〇年に話題になった。女性も公の場でやるほど、人気があった。それでも、山登りはまだ試みられなかった。しかし、山登りを考える□□□はなかった。


誤植、二百六十二頁、二段目……Hoduka は Hodaka〔穂高〕に。


アルパイン・クラブ。

シドニー・スミスへ〔ロンドン西南のウィンブルドンで、ウェストンの勧めたクライスト・チャーチの信徒に同名の人がいる〕。

人間にとって大都会から抜け出し、見えない力が支配し、見たことのない□□□の影響力を感じるところへ入ってみるのも大切だ。いや味な中国人も□□□を持ったとはだれもが気づかない何かを見ることになる。

日本が中国から受け入れた古代文明の中で、普遍的とはいえないものが二つある。熱い湯に対する思い入れと、山岳への愛情である。熱い湯に関連して、風刺的な中国人は「日本人は、しばしば汚い」という。山に関するものはもっと強烈で、「山は徳であり、水は智とみなされる」。この二つを□□□するものは、決して相容れるものでなく、どんな人間も徳と智をあわせ持つことはできないことを説明している。

当クラブの大変な存在感は、この□□□をすることである。三年間、教会関係の仕事で、よろこばしい亡命をした間、□□□。しばらくすれば、□□□に進展があることと、帰国した。ところどころ正確を期すため、すでに九―十九年前に発表した話題に、言及しなければならなかったことをお許し下さい。

槍ケ岳、焼岳、奥穂高岳、白馬岳（一九一三年）

八月四日　月曜日

フランセスとともに午前七時三十五分に横浜を出発。東神奈川（ヒガシカナガワ）で二等に乗り換えたが、八王子（ハチオウジ）でまた一等に乗り換え、そのまま松本まで行った。八王子で、大森（オオモリ）から来た富士巡礼に行く丸川講（マルカワコウ）の一団といっしょになり、彼らと私たちの間には、互いに妙な好奇心が交錯した。

賑やかな旅、強い陽ざし。もっとも左窓の甲州の山々は、靄（もや）がかかって、ぼんやりしていた。韮崎と日野春の間に、穴山（アナヤマ）の新駅が開業したばかりであった。線路は釜無川左岸の堤防ともなっている、広大な溶岩の土手（河岸段丘）を、八ヶ岳の麓に向かって登っているらしい。

八時五分に松本に到着し、丸中館へ行った。去年と同じ部屋で、同じく蚊に悩まされて眠れなかった。

八月五日　火曜日

五時四十五分に目覚めたが、八時の朝食までそのまま横になっていた。朝食は、ウナギ飯（メシ）と卵焼きとミルク少々。土地の薬屋で、ミルクの味がする気付け薬（四十八銭）と鎮痛剤を買い求めた。

いつものように馬車。島々まで約三時間。よい天気。清水屋で親しく迎えられた。公衆浴場を下見した。旅行を中断して「安息日」をとるためで、村の中央にある。牧師館の鶏肉の残りなどで昼食。丸中館が土産にくれたいちごシロップをなめたら、まことにおいしかった。扇子もあり、かわいらしい。

昼寝した。ところが「お湯がきれいなうちに」風呂に入れとしきりに勧められ、とうとう私たちも三時三十分ころ外に引っ張り出されて入浴したが、意外とよかった。風呂から出るのが惜しかった。さっぱりしたあと、衣類や食糧の荷造りを終え、お茶を飲んだ。

夕方、嘉門次とそのたくましい息子、上条〔上条嘉代吉〕が宿に着いた。息子は二十五歳くらいに見えたが、実は四十三歳だと知ってびっくりした。

向かいの部屋の一つで、三人組が騒がしくふるまったので、私たちは遅くまで寝つかれなかった。そのうえ蚤と強烈な蚊までが、その三人組に加勢したのでよけい眠れない。

八月六日　水曜日

五時起床。五時三十分に卵焼きとご飯などの朝食。六時二十分に清蔵、嘉門次、嘉代吉、それに強力二人を伴って出発した。みごとな朝、谷も、とても涼しい。七時二十五分―七時三十五分、風呂平（フロテーラ）橋で休息。

注目。石の「地蔵（ジゾウ）」が、顔を赤く塗りたくられている。

いつもより水かさが少ない。昨年とは違って、出シノ沢近くには去年ほど雪はなかった。峠に登る道で、嘉代吉と清蔵が子うさぎを殺した。九時三十分に、私たちは岩魚留茶屋に着いた。

参照。阿蘇山（アソサン）の麓、栃木（トチノキ）〔ウェストンは、明治二十三年に栃木温泉に泊ったと推定できる〕の近くに鮎返（アユガエ）リがある。

そこで、私たちは待ちきれずにビスケット、チーズ、コーヒー、フルーツを食べて昼食とした。島々から千七百七十五フィートの高さ。十時十五分に出発してどんどん登り、十一時十三分には徳本峠の麓（フモト）にある橋に着いた。次第に険しくなっていくジグザグ道を登り、十二時十分、峠の頂上へ出た。

穂高の鋭い塔峰やぎざぎざしたやせ尾根が、樹間を通して見え隠れする。峠の下二百フィートにある小さい橋で休み、写真を撮ったり、履物を整えたりした。ここでお茶を飲みたかったが、嘉代吉が弁当（ベントウ）入れを持って現れるのが遅れ、できなかった。十二時二十分—十二時四十五分。

ウェストン夫妻と一高生（河童橋にて大木操撮影、日本山岳会蔵）

徳本小屋〔徳本峠ではなく、梓川に下ったところにあった〕には年取った小屋番がいて、お茶をいれた。一時十五分―一時四十五分。森林の中を快適に歩いたのち、二時三十分に上高地に着いた。ここでは主人の加藤さんから温かい歓迎を受けた。彼は私たちを迎えるために、途中まで出向いてくれた。

温泉は五十人を超える来客で、ごった返しているのがわかった。大方は学生で、騒がしくて無遠慮だった。そのうちの何人かが遅くまで酒を飲んでいたのを、二人の女性がいさめてやっと静かにさせ、眠れるようになった〔この日、第一高等学校旅行部の大木操たちも、ウェストンから注意を受けた。大木は翌日、河童橋でウェストンの貴重な写真を撮影した」。

八月七日　木曜日

支度に時間がかかったが、午前八時三十分に槍ヶ岳への野営地に向けて出発した。当初、私たちは坊主小屋を寝場所にしようと考えていたが、登山仲間で写真家の近藤(コンドウ)氏〔近藤茂吉。この年は、立山から上高地まで縦走してきた〕が下山してくるのに出会ったところ、洞穴の床面、特に寝室部分は雪に深く覆われているとのことで、赤沢小屋まで行って、そこで泊ることに決めた。

嘉門次が自分の「別荘」に、釣り具と、自分（それに二人の強力）が着るよう、たくさんのチョッキを取りに行っている間、半時間、浅瀬で待った。さらに彼が釣りをする間小休止したりで、時間がかなり長引いたが、それも道中の興味と楽しみを増した。

日本人は、山中の峡谷が薬研(ヤゲン)――ボート形の薬種すり鉢――に似ているという。まるで銀座(ギンザ)通りを歩いているようだと思ったという。

太陽の暑さ、いつもながらうしろを通り過ぎる風、川の両岸のうっそうとした草木。これだけ揃えば、私たちがけだるいのも無理はなかろう。とはいいながら気の合う仲間と、しっかりした気迫のおかげで、この苦しい登りも、今まで私がやった行程のうちで一番楽しいものだった。

赤沢の長い舌状の、赤くて崩れた岩に近づくにつれ、さあお茶が飲めるぞという希望で気分が新たになり、私は着いたらすぐ飲みたいと、水を汲んで来るよう強力の一人を差し向けた。「小屋」の一部となる、くさび形に口を開けている大きな岩で、急いで、私たちは藪の中を喜び勇んで駈けおり、岩の前にある二、三ヤードの小さな空き地に行った。

注記。以前、二匹の熊が上の絶壁から転がり落ち、からみ合って死んでいるのが見つかった。

しかし、近くの冷たい湧き水が干上がっていることがわかって、私たちの望みは水泡に帰し、水を汲むには、槍ケ岳への道を千ヤードちょっと先の小川まで行くしかないと、自らに言いきかせなければならなかった。すぐに嘉門次や人夫たちが、ありったけの容器を持って出ていった。こうしていれたお茶の、何とおいしかったことか。

やがて私たちは荷物を解き、寝場所を整えた。巨大な岩がくさび形に突き出た、その下のスペースは、部分的にしだや木の葉が大量に重なっていたが、持って来た布団二枚をその上に敷いた。開いている方には目のつんだシートを吊るしたら、結構心地よい寝室になった。

六時三十分に夕食時間となり、マギー〔食品メーカー名〕のすてきなスープとおいしい鱒などを食べた。夜はそれほど寒くはなく、眠れないほどのことはなかった。三人の男たちは、上方の馬場平（ババタイラ）の水場近くで眠った。

八月八日　金曜日

嘉門次は疲れたとみえて寝すごし、彼が現れたときには、私たちはコーヒーもソーセージも食べ終るところだった。

五時四十五分に元気に出発。私たちは深い藪の中の石だらけの道や、岩がごろごろした急流の川床を四十分ほど進んだのち、左方向にまわり込んで、長い舌状に残っている深い堅い雪渓に出たときはうれしかった。そこは雪と小石の部分が交互にある広大な斜面で、草のある斜面には、あらゆる色の高山植物が点々としていた。

この雪は、ときおり焼岳からの灰で覆われる。ここで目についた花は、チングルマ、バイケイソウ、イワカガミ、ヒメイチゲ。

ここで、これほどの雪に出会ったのは初めてだ。ほとんど途切れることなく、二千五百フィ

左より、嘉門次、清蔵、ウェストン夫人（坊主の岩小屋にて）

ート以上広がっている。小さくてかわいいタテヤマリンドウ。中心が白くて青い星の模様。白い小花のヒース。イワカガミ、ハクサンフウロは目に鮮かで、ことにかわいいクリーム色の小さいシャクナゲが、頭をほんの二、三インチ地上に出している。めったにない珍しい光景だった。

背中に受ける陽の光は、熱いほどだった。八時三十分に、私たちはなじみの坊主小屋に着いてほっとした。赤沢の洞穴から二千五百五十フィート上で、標高九千フィートにある。その入口に坐り、二回目の朝食をとりながら眺めると、雪が半フィートも積もっていて、これでは寝場所にならないと感じた。

九時十分に、私たちはいよいよ最終登攀に向けて腰を上げた。去年、私が見つけた北面から槍へ登るルートである。二十分くらいして、嘉門次の要請で右に分岐すると、猟師小屋の入口の前に出た。少し小さい洞穴で、中は四、五人しか寝られない広さであった。殺生小屋とも呼ばれている。ここから半時間くらいして、私たちは東北のやせ尾根の麓から続いている狭くて崩れた稜線に達したが、頂上からあまりにも離れすぎてしまったことに気づいた。軌道修正して、昨年のように急でぼろぼろ崩れる斜面を伝って、下の雪深い峡谷の底へ行くわずかな斜面に下りつくまで、多少時間を費やした。

その途中で、見事なミヤマオダマキを見つけた。嘉門次が斧で雪の上に足がかりを刻んで進み、やがて私たち全員が雪渓を越え、槍の基部にある岩に立った。

ここでまた嘉門次と清蔵が、自分たちの好みの回り道をとぼとぼ行こうとするので、時間を無駄にした。結局、私は険しいが安全なルートが、槍ヶ岳のてっぺんにまっすぐ通じているのがわかって、彼らを呼び戻した。

ここで私たちは、パーティが離れ離れにならないよう互いにロープを結んだ。私が先頭を務めた。この登攀全体、特にその最終の部分は、去年よりもっと厳しかった。中間あたりで、風雨にさらされて風化した岩がたくさんあり、これが厳しさの要因だったと思う。

ついに十二時十分に、坊主小屋からきっかり三時間で、私たちは頂上に到着した。嘉門次はしんがりだったので、ちょっとあとから、興奮してたいそう喜んでいる様子で登ってきた。一

槍ケ岳山頂（N. G. M.）

つには、彼にとってなじみの頂上に新しいルートから登ったこと、また一つには、この頂上に女性が登ったのは初めてで、その女性に同行したという喜びからであった。

一時五分過ぎ、頂上でのほぼ一時間がほんの五分程度に感じられ、私たちは下りについた。ゆっくりゆっくり下りて、坊主小屋に二時に着いた。

赤沢洞穴への下りに出る前、二時四十五分に飲んだお茶が、やはり一番おいしかった。雪が軟らかだったが、道中でかなりのグリセードの彩りがあったりした。

谷底に近い石ころの斜面で、私たちは嘉門次の半ズボンと清蔵の上着を拾い上げた。それは登頂に邪魔だからと、ここに置いていったのだが、持ち主が肝をつぶしたことに、その衣類はまるで巨大な蛾に襲われたかのように、裂け目や穴がいっぱいあいていた。実は、この上方に雪で固定されていたごつごつした岩があったのが、陽の光で雪がゆるんだために下に転げ落ちたのだが、彼らがたまたま服を置いたのが、ちょうどその通り道だったというわけだ。だが、岩が落ちて傷をつけたとは、とても信じられなかった。

寝場所の岩に再び戻り着いたのは、四時四十五分だった。最高に気分よく、おもしろかった一日の終りに、私たちが祝った夕食の献立は、スープと鶏肉のカレー煮であった。

八月九日　土曜日

天候は引き続き良好で、私たちのいる岩とその上に高くそびえる絶壁の間に、快晴の空が見えた。

「中庭」をきちんと片づけるのに、少々時間を費やした。つもり積もった錆びた缶を、おい茂った低木の奥深くにほうり投げたり、前に来た人が置いていったきたない紙やら、履きくずした草鞋を焼いたりして。

日本人はいろんな面で上品なものとか、優雅なものとか、こざっぱりしたものを好むのに、ときによって列車の中や、夏休みの間に学生たちがほんの二、三日いただけで、その宿をすっかり汚したり、ちらかしたりするのは、どうしたわけだろう。

午前七時に私たちは帰路につき、たびたび休みながら六時間半かけてゆっくり進み、目的地に着いた。

この行程の後半部分は、梓川左岸にある新しい「測量技師の道」という迂回路だった。距離は長くなったが、歩きやすかった。徳本小屋の手前約一里半で、徳沢(トクサワ)小屋跡〔今日の徳沢園〕を通りぬけた。ここで嘉門次がいうには、この道は東に分岐して常念岳へ向かい、最終的には岩原からの、烏川の流れに沿って常念岳を越える道につながっているとのことだ。

夕方になって手紙と新聞が届いた。横浜からの郵便配達は、三日に一度らしい。

八月十日　日曜日

本日は、四日連続の徒歩旅行のあとの、待ちこがれた休息日であった。

八月十一日　月曜日

午後、私たちは明神岳(ミヨウジンダケ)の麓の、きれいな池のそばにある「別荘」に嘉門次を訪ねた。私たちは彼にお茶を土産に持っていき、彼はお返しに、釣ったばかりの鱒の束を持たせてくれた。

嘉門次は、長いさおで水面を漕いでまわる小さいいかだから釣りをする。ときどき近くの水かさが増し、別荘の床上まで浸水することがある。すると彼は、床より数フィート高くなるようにした棚の上で眠らなければならない〔滑車で柵を吊り上げた〕。

彼のところから出て間もなく、激しい土砂降りの雨につかまり、早く戻りたいのに、温泉にたどり着くよりかなり前からずぶ濡れになった。

あとから東京高等普通学校〔東京高等師範学校付属中学校〕の生徒だという総勢三十人かそこらの団体が、グループに分かれて次々と到着した。中房から道中二晩キャンプをして、燕岳、大天井、槍ヶ岳を縦走してきた。教授二人で引率していて、のちに教授の一人が私に、私がなした日本アルプスについて生徒に講演してほしいと頼んできたので、引き受けた〔ウェストンが嘉門次小屋を訪ねた日、温泉で高村光太郎、茨木猪之吉、窪田空穂たちがウェストンから、夫人が風邪を引いたので静かにしてほしい、と申し込まれた〕。

八月十二日　火曜日

午後、白骨へ行く道の途中で、梓川の左岸にある田代湖（タシロコ）という美しい小さな池を見に、谷を一マイルかそこら散策して下ってみた。

朝、ここに滞在して絵を描いている、数人の画家の一人から面会を求められた。茨木氏（イバラキ）〔茨木猪之吉。四日に槍ヶ岳に登り、上高地温泉に滞在していた〕とかいう人で、自分のスケッチを私たちに見せた。そしてあとから、槍ヶ岳を描いた小さい水彩画を二枚、私たちに贈ってきた。

お茶のあと、私は先に述べた東京高等普通学校の三十人ほどの学生に、日本アルプスについて話す約束を果たそうと出かけた。通訳は教授の一人〔渡辺半次郎〕が行なった。彼の英語は抜群だった。学生はまじめに傾聴し、ユーモアを解するセンスもあるようだった。

夕方には、長野□□□〔空白〕学校の井上（イノウエ）氏とか、信州山岳会の会員でもある二人の友人〔八月一日に松本で信濃山岳研究会の展示会があり、そのあと集団登山した。友人とする一人は河野齢蔵で、ウェストンから槍ヶ岳の登山にロープを使ったことを聞き、その夏の『信濃毎日新聞』に発表している〕とかを含めて、いろんな来訪者があった。

夜間、雨がひどくなり、台風の模様だった。

清蔵はいっしょにいて最も頼りになるが、彼がいうには、信州は最近、干ばつなので雨請いを始めたとか、穂高と槍がその祈禱の地として特に好まれているとか、雨請いには、たびたび御嶽教会（キヨウカイ）の信者も雇われるが、だいたいは農民が代わってするとのことだった。

八月十三日　水曜日

雨がまだ降り続いている。今日、三十人ほどの「お客」が島々に戻って行った。

登山者二人が強力を伴って槍ヶ岳へ行ったが、目的を果たせずに戻ってきた。馬場ノ平〔私たちのとき、嘉門次が野営場所としたところ）まで行っただけだという。雪どけにより水かさが増し、それ以上には行くことができず、引き返してきたそうだ。

ほとんど終日、読書したり手紙を書いたり。

八月十四日　木曜日

午後、私は上高地と徳本小屋の標高差を調べるために、徳本まで歩いた。その差、およそ百二十フィートであるとわかった。ということは、『日本旅行案内』が徳本小屋は上高地より三十フィート低いところ、つまり四千九百八十と四千九百五十と記述しているのは間違いである。それぞれは五千百と四千九百八十フィートに訂正されるべきである。

八月十五日　金曜日

清蔵と強力の松岡玉二郎（マツオカタマジロウ）（島々）といっしょに焼岳に向かうため、午前六時五十五分に上高地を発った。

周囲の山頂のすばらしい眺め。紫色できれいな穂高の頂は、輪郭が鋭く際だっている。去年、私たちが登った中では、明らかに最高峰である。

十五分ののち、七時十分に、川（昨年の溶岩流の一つを越えるルート）のそばで、私たちは右に折れて、噴石や小さい軽石の上を登りはじめた。ルリチョウのうっとりする鳴き声が聞こえ、すばらしい深紅の紅葉（コウヨウ）（ヤマ山椒（サンショウ））が見えた。八時十分に、千四百フィート上がったところで十分間休んだ。そして、右に曲がっている古くからの小径を離れた。

道は険しくなって、あるところでは、一九一三年七月十二日の噴火の際の岩崩れでできた、深い裂け目を横切った。

八時五十五分。上高地から二時間で、私たちは中尾（ナガオ）峠の峰に着いた。右には硫黄岳〔現在は無名峰〕があり、左に焼岳がある。上高地から二千百フィートの高さ（約七千百フィート）。九時十分、左に折れて焼岳へ向かう。ここからは十五町だという。右の谷には中尾の眺望、笠岳に続く大きな雪の峡谷も見える。しかし、どの山も頂は白い雲で覆われていた。

軟弱な火山灰、湿った粘度質の灰色の土の上を、登りはどんどん急になる。続いて、崩れた岩のきつい登り、さらに、まさに競技用のチムニーを一、二か所登った。

十時十分、ぎざぎざの噴火口の壁の東側の最高点に立った。八千―八千百フィート。CBF計測で上高地より三千百五十フィート高い。ウォルティン、同三千フィート。

公式測量、二千四百五十八メートル＝八千六十四フィート〔陸軍参謀本部の五万分の一地形図が

槍ヶ岳から望んだ噴煙をあげる焼岳（N. G. M.）

この年発行され、メートルによる標高が記載された」。

向こうに、雪が点々と残る乗鞍を望む。最高点は正確な対称形に見える。

黄色い硫黄が、左側（火口の南面）に開いている噴気孔に多量に堆積している。十一時十分、下山開始。十一時四十分、中尾峠。硫黄岳に至る。第一登は二十年前だった〔明治二十七年に焼岳に登ったとするのは、こちらの峰であった〕。

十二時。上高地に向けて出発。一時三十分、温泉に着く少し前にフランセスに出会った。ココアなどを飲んでしばらく休み、それからフランセスと歩いて田代湖へ行った。

階下の隅の部屋の三人の画家は、酒（サケ）を一人四本当たり空け、ものすごく酔って、ひどく騒いでいる。私は彼らをいさめるよう加藤を遣わした。彼はうまく収めてきた。彼らが静かなうちに、私は眠りについた。しかし翌朝聞いたところ、彼らはそれ以上に騒ぎだしたが、私はそれも気にならず、いびきをかいていたらしい。

ともかく、私はぐっすり眠った。

八月十六日　土曜日

東京高等普通学校の学生と画家たちが出ていった。フランセスと私は橋へ歩いていった。橋を渡って、ずっと左岸を通り田代湖へ下った。休んでから、昼ころ戻って昼食。

午後は読書と睡眠。

〔十七日、十八日は日記欠落〕。

八月十九日　火曜日

輝かしい朝。泊り客のほとんどは焼岳へ登りに行った。

フランセスと私は、午前八時に嘉門次と清蔵といっしょに平湯に向かった。小径は十五分ほど行ったところで、焼岳に向かうものから左へ分岐した。去年七月の焼岳の噴火が残した、灰や噴石の流れを二つ通過する。二つ目〔下堀(シモボリ)〕のはとても深いもので、横切るのにちょっと難儀した。この道はほとんど全行程が森林の中で、川からかなり高いところを通り、当時、被害を受けた白骨に直接通じる道だった。

一里少し先で〔一時間十五分〕小径は下り、白骨へ行く下の道と合流する。ここで十五分休んだ。

十時三十分、小径は平湯から島々〔それに白骨〕への道に合流する。ここで清蔵は、私の単眼鏡〔ウェストンの片眼は、ほとんど視力がなかった〕を忘れてきたのに気づいた。それで彼は、置き忘れた下堀まで取りに引き返した。

安房(アボウ)峠の頂上には十一時十五分。昼食、十一時四十五分〔上高地の上、千二百フィート〕。それからフランセスと私は二人だけで、平湯に下って行った。

注記。峠の頂上からそれほど遠くない、平らな盆地。

平湯、午後一時十五分。「通りがかりの人」が私たちに、村山(ムラヤマ)〔丸山?〕清十郎(セイジュウロウ)なんていう宿はないし、船津屋(フナツヤ)というのが最高だといった。だがこれは嘘で、村山に行けば誤りだとわかる〔村山の宿は、現在もある〕。客室はとても魅惑的で広々としており、行き届いた世話をしてくれる。上高地より七百フィートほど低い。

お茶を飲んだあと、通りの中ほどに新築された公衆浴場に行った。これは女性用（左）と、男性用（右）に仕切られている。どちらにも浴槽が二つずつある。不謹慎な日本人の男が女湯に入っていき、フランセスをじろじろ見ているので、私は大声で彼を追いはらった。

ココアをいれて休んでいるところへ、六人の人夫が白骨から到着した。ガウスデン〔ジェイムズ・G・S・ガウスデン。神戸の外人山岳会に所属。一九二七年に、ウェストンの推薦でアルパイン・クラブに入会する〕という名のイギリス人と二人のドイツ人の手荷物を運んできた。重いポールのついた、かさばったテント、寝具類、食糧が三箱、大きい行李が三つなどだった。

嘉代吉ともう二人が、その三人の外国人といっしょに午前六時に白骨を出て、乗鞍を越えて来たところだった。彼らは結局、午後九時ころ到着したわけだが、なぜかというと、人夫のうち二人は足が弱く、一人は鳥目、つまり暗いとき見えなくなるからだった。

十時四十五分―十一時三十分という時間に騒がれたら、近所迷惑も甚だしい。前述のものすごい荷物をかついで、白骨から安房峠を越えて先に着いた六人の人夫たちは、結局は無駄骨を折っただけだから、当然、すごく腹をたてたのだろう。彼らは翌日もそれをかついで、槍ケ岳へ行くため、また同じ峠を越えて上高地に戻らなくてはならない。

八月二十日　水曜日

三人組の外国人の靴が縁側に干されているのを見ると、昨夜、その持ち主の到着がかなり遅れたのも不思議でないと、合点がいった。靴底の厚さが四分の一インチで、鋲が少ないときたら、だれだってこんなに長くてきつい道など、痛くて歩けるわけがない。

ドイツ人はまっすぐ上高地に戻るといっていたが、イギリス人のほうは蒲田をまわって中尾峠を越え、途中、焼岳に登って上高地に行くとのことだった。しかし、私たちが歩いたり留まったりしたときにも見かけなかったから、彼が計画を達成できなかったのは明白である。

午前八時にはすでに暖かかったので、私が二十年前に、R・S・ミラーといっしょに初めて訪れた谷を下りに出発した。この村は見るところ、今まで日本で見たうちのどこよりも、一番「スイス」的だと私たちは思った。温泉の湯源から見る景色は、大変印象的であった。

平湯と船津（フナツ）の間に、新しい県道が五、六年ほど前に建設されていた。それは安房峠を越えて白骨温泉まで、そして、さらには稲核まで延長される予定とのことだった。

下っていくと、私たちはちょっとした麻畑に気づいた。背の高い樽があり、その中に水を流して茎から表皮をはがし、その長い表皮で縄を作るわけだ。

十時、一重（ヒトエ）ケ根（ネ）で、小さい峠の麓にある蒲田谷の高原（タカハラ）川を越える橋が、先日の雨で壊されてしまったことがわかった。それで私たちは、村上（ムラカミ）経由で平湯谷（モズオ川）と蒲田（高原川）との合流点へ行かざるを得なかった。村上では、何と「シャンペン・サイダー」や、味の薄い日本せんべいなどを売っている、小さな商店を見つけて驚いたり、喜んだりできた。そのため、行李を解いて中味を出さずにすんだ。私たちが辿った道は、まっすぐ突っ切るのでなく、二等辺三角形の二辺を回ってきたので、一里かそれ以上長かった。

今見（イマミ）で角をまがって、高原川を越える長い橋を渡り、私たちはトロッコの線路の脇を蒲田方面に向かった。線路は、谷を越えて一里ほど行くと、上の村落へとつうじていた。木材運搬用だが、伐採のため良質の森林は裸になっている。

神坂（カミサカ）峠の脇の谷に張り出している岬を登り越えなくても、私たちはトロッコの線路を伝って、登り下りすることなく岬の右肩を通過することができた。そして出発してきっかり四時間で、十二時五分に、十九年ぶりにふたたび蒲田に到着した。

今回は簡素な宿だが、とてもきれいな二間続きの部屋に泊ることができた。しかし、大変暗くて風通しが悪く、無数の蠅がはびこっていた。ほかの簡単なものは別として、出された食物の種類は卵とビール、ほかには日本の食物の相当古い缶詰だった。

私は酔った売り子から、みごとな金沢りんご二十個を一つ四銭五厘で買うことができた。今まで日本で見たうちで最高のりんごだった。

谷の上下（北と南）の眺めは、大変印象的であったが、運悪く北にある穂高の峰々は雲にかくれていた。三十ヤードほど下って、村の道の中ほどにある風呂に行くと、私たちはまた珍しいものを見て、わくわくした。平湯の新しいのに似て、建物は男女用二つに分かれていたのだ。風がなく、部屋は暗いし、蠅はいるわで、午後は気が乗らず何もしなかった。

一ヤード向こうでは、酔っ払いたちが互いに大声を出して騒いで迷惑だったし、やっと寝てくれたと思ったら、馬小屋につながれた馬が、かわいそうに、かいばが散らばっていて食べられないと足を踏み鳴らすので、何時間も眠れなかった。極めつけは、急流の唸りと赤ん坊の泣き声が重複して聞こえてきたことだ。それやこれやで、眠ることなど不可能で、この晩のことは今でもぞっとする。

総じて、松下〔松下甚兵衛〕の宿へ泊ったのは、快い経験ではなかった。

八月二十一日　木曜日

起きると、どんよりした灰色の朝で、朝食にも気が進まなかった。

六時二十分に蒲田を出発した。トロッコの線路に沿って二十分ばかり歩いた。そこで、線路は唸っている激流の上三十—四十フィートの高さを、頑丈な木の橋で川を越えている。その横には、やはり木造だが風にゆれるような橋が架かっている。道は、中尾の古い田舎家が集まったところまで登っていく。その一つに一八九四年、笠岳の初登頂の帰途で私は泊ったことがある。それを捜して、これだという一軒〔中島家〕を見つけた。

八時五分から八時十五分まで十分間休んだ（蒲田より千六百フィート高い）。蒲田から一里、中尾峠から一里といわれる。

槍ヶ岳と手前の穂高の一部と、谷の左側（西）にある笠岳の豪快な壁の眺めが、大変印象深かった。しかし、晴れていたのに運悪く雨が降りはじめ、終日止まなかった。私たちは、すぐ濡れてしまった。ごつごつした登り道をつきぬけて、すばらしい森が雨よけになったのはありがたかった。ところどころに風でたくさんの見事な木が根こそぎ倒れ、道をふさいでいた。それは大変な障害物であった。峠の頂上までは、だいぶ時間がかかりそうだった。かたく見積もっても、二里というところだろう。

十時十五分に中尾峠の頂上に到着した（蒲田の上四千フィート）。ちょうど四時間かかったことになる。ここで半時間休んで、靴と服を着がえた。まだ早かったが昼食にした。

峠にいた一人の人夫が、私たちの知り合いの四人の外国人が軽井沢から着いている、と知らせてくれた。四人はエルウィン氏夫妻〔ウィリアム・ヘジャー・エルウィン。牧師で、この年は軽井沢の別荘五百二十五番にいた。一九一九年に、王立地学協会への入会にウェストンが推薦人になる〕と、ジョイントさん〔ジョイントは、軽井沢ではエルウィンの別荘に滞在していた〕、マクレア氏〔マクレア も牧師〕で、ほかにトゥリストラムさん〔キャサリン・トゥリストラム。プール学院校長〕、M・

ホールさん〔マーガレット・ホールも教会関係者らしく、一行は登山目的で来たが、雨のため断念した〕も上高地に来ていることがわかった。

十時四十五分に再出発し、正午に上高地に着いた。ずぶ濡れだった。

八月二十二日　金曜日

軽井沢の友人たちは、島々へ戻っていった。

外国人の来訪者が割合多かったので、昨夜はとても静かだった。日中は少し晴れ間があった。マルコムは、中尾経由で笠岳へ向かって出発した。私は、お茶のあとロイド〔P・F・ロイド。ウェストンが奉職する横浜クライスト・チャーチの信徒で、教会の名誉書記〕とライアン〔L・E・N・ライアン。横浜山手六十三番Aにロイドと居住した〕を田代湖に連れていった。入浴客が夜中じゅう騒がしかった。明け方も寒い上に、早くから騒がしかった。

八月二十三日　土曜日

今までで最高に美しい朝だった。一組のパーティ〈イギリス人一人、ドイツ人二人〉は槍ヶ岳へ、もう一人の日本人は穂高へ。ロイドとライアンは、蒲田を経て平湯へ。私たちは焼岳へ。これらみんなが、七時十五分に出発した。二時間の心地よい歩行のあと、私たちは中尾峠に着いた。

ここで軽食をとり、全員で写真を撮って、そしてさよならをした。

高度計によれば、中尾峠は上高地より二千フィート高い。

フランセスと私は、清蔵といっしょに焼岳の右側の頂上へと、登っていった。一時間十五分、しかし硫黄の強い臭気に妨げられ、先へは行けなかった。昼食のあと私たちは半時間で峠に下り、午後二時ちょっと前に上高地に戻った。

元気をつけるには温かい風呂がいちばんだった。その後のお茶も最高だった。夕食ののち食糧を綿密に点検し、蓄えを詰めた。

焼岳から下るとき、三人のドイツ人と婦人一人が、強力三人を連れて登って来るのに出会った。

八月二十四日　日曜日

小雨、いつも通り静かに過ごした。

午後になって、橋まで散歩にいった帰り道で、凶暴な雄牛に出くわした。その牛は一、二日前に、すでに一人の人夫を襲っていた。それが私たち二人に向かってこようとしていた。牛は私たちを道の狭いところに追いつめようとしたが、私たちは道の両側の木のうしろに、それぞれ身を隠した。そのため、牛はどちらを襲ったものか決めかね、私たちは無事にうしろに回りこむことができて、難を逃れた。

ところが、嘉門次が別荘からやってきたときには、運悪く、ずっと遠くまで走って逃げることになった。この獣は嘉門次に襲いかかり、彼の唯一の逃げ道は、腰までの深さしかない川に飛び込んで、潜っているしかなかったのだ。

嘉門次は激怒した。温泉の主人である加藤氏は、牛は県の担当だから、県庁（ケンチョウ）に手紙を出して抗議することを引き受けた。これらの牛は飼育目的でここにいるのに、だれも世話をする人がいないようだ。

注記。『アルパイン・ジャーナル』二百八号のブライス卿「日本の風景の類似について」、当地と赤城山（アカギサン）についての例外〔二百九号に記事がある〕（参照、日本年鑑、三百四十七頁）。

角をつかんで牛を押さえたといえば恰好いいが、動物が怒って、頭に血がのぼって角をつきつければ、様相はまったく異なり、とても恰好いいなどといってはいられない。

八月二十五日　月曜日

天候は、ずっとぐずついていた。私たちは、お茶のあと川に散歩して下ったほかは、何もしなかった。

ガウスデンのパーティ（二人）が霞岳（カスミダケ）〔霞沢岳〕に登ってきた。登り三時間四十五分、下り三時間四十分。

八月二十六日　火曜日

状況はましになったが、それでも穂高は問題外だった。それで、私がまだ登った経験のないこともあり、霞岳に登ることに決定した。

七時四十五分に、私たちは嘉門次と清蔵を伴って出発した。田代湖へ行く途中にある橋を渡り、左に折れて、巨大な峡谷〔八右衛門沢〕の麓までまっすぐ行った。この道が峡谷の上まで続いていて、上までは三時間以上かかる。丸石が散らばった傾斜は、はじめはほぼ平らだがだんだん険しくなり、よじ登ったり、つかまり登りが続くようになる。

左手の花崗岩の険しい岩は、その形からして、ローゼンラウイ〔スイスのグリンデルワルトの東にある〕のそばのインゲルオルナールを思い起こさせる。私たちが霧の中に入るまでは、登り道の間じゅう、ずっと上高地が見えていた。

最高点に達する直前に、私たちは突然右に曲がり、峡谷からぬけ出すと、何百フィートも下から切り立っている絶壁のへりに立った。下の峡谷は霞沢（カスミザワ）として知られている。数分ののち、私たちは最高点〔霞沢岳〕にいた。この鋭く尖った頂上は、温泉からはその姿が見えないが、すばらしい眺めが確実に見渡せる。特に穂高や、上高地のうしろの山々からさらに向こうの笠岳の方角が。最高点は約八千百フィートと出た。

参謀本部公表、二千六百四十五メートル＝八千六百七十八フィート。

ライム・ジュースでお祝いの乾杯のあと写真を撮り、十二時七分、私たちは下りにかかった。乾杯をまねるように雨が降ってきた。下るにつれて雨はどんどん激しくなった。私たちは、すぐにびしょ濡れになった。足もとの濡れた草、頭上のしずくをつけた木の葉が、よけい不快感をつのらせた。

それでもなお進み続けることで、私たちは何とか体温を保った。ところどころで止まり、登るとき置いていったロープや深靴などを拾いあげた。同時に、必要な食べ物を少しずつ口に入れた。

峡谷から抜け出して、田代の森林の中に入るとすぐ、深い沼地をもがきながら進んだので、深靴の中も気持ちの中も不快感が充満した。午後三時少し前、温泉に戻った。途中それほど急いだわけではないが、下りに二時間五十分しかかからず、これには一同大いによろこんだ。

特に女性が登ったのは初めてだったので、加藤氏は、とても驚いた様子だった。

私たちは卵酒を飲んで、さあ風呂に行こうとした矢先、階下に騒がしい一団がいたので、とり止めた。いやな人とはいわないが、東京から来た欧亜混血の女性と、隣人のドイツ人の二人のグループがいなければ、心地よい眠りにつけたのに。その後も、血にうえた蚊や、蠅も来て、同じような目に遭った。この晩は、ここ何週間のうちで最も耐えられない夜だった。

夕食の前、私たちは東京帝国大学の地震学教授、大森（オオモリ）博士〔大森房吉。この年は七月と八月に浅間山（あさまやま）で観測し、八月二十六日に上高地に入り、三十一日に下山した〕の訪問を受けた。彼が現在、特別な観測を行なっている浅間と焼岳について、大変興味深い話をした。とりわけ彼は、浅間の真夜中の噴火の様子について語った。白く熱した石がしばしば噴出するのが、花火がぱっと開いたのに似ている、とのこと。破片が噴き出すときの初速度は、秒速百五十フィートほどで、十二インチ砲の発射速度の五分の一相当とのことだった。

八月二十七日　水曜日

夜半から一日中、すごい雨が降っていた。一人のドイツ人が島々経由で帰っていった。大森博士は親切にも、私たちにくず粉を少し持ってきてくれた。

非常によい晩だった。十一時十五分に、うるさいドイツ系欧亜人のところへ下りていって話をした。

八月二十八日　木曜日

雨も上がり、すばらしい朝。書いたり読書したり、写真を撮ったりした。

階下の日本人の酒飲みたちのため、遅くまで起きていて、三時間ほどしか眠れなかった。

八月二十九日　金曜日

四時に、清蔵が起こしにきた。そして四時三十分におかゆ、ベーコンエッグ、コーヒー、洋梨の朝食。出発時刻には、何とも美しい朝であった。五時に、昨年新しく登ったルートから奥(オク)穂高(ホダカ)〔岳川岳〕へと出発した。

銀色の三日月がくっきりと残る。星が□□□〔判読不能〕しながら輝き、上空にいる。山間の入口は灰色の靄、谷は紫色の影になっている。加えて、霞が何層にも木立の上に重なり、本当にすばらしい。

注記。グリフィス『日本の記録』八章六十三―六十五頁「月が見つめている」（星ではない）〔W・E・グリフィス。明治三年に来日し、『ミカドの帝国』などの著書がある〕。

嘉門次と清蔵。たくましく愉快な若者、常吉〔内野常次郎。嘉門次が常吉と呼んでいたらしい〕。

道は橋の脇で、つまり川を越えて左岸に渡らないで分岐し、笹を踏みわけたりしながら右岸の森林を進んで、やがて私たちは支流（岳川）を渡った。これは、今ではごく普通に登る前（南）穂高〔当時、前穂高岳を南穂高岳とも呼んだ〕への一般ルートで、多くの登山者が通っている。この道は梓川を越えることなく、森林の端から端へと渡り進む。

高い松の木のうしろをえぐるような川を二、三回渡ったあと、私たちは岳川の左岸の森林に入っていった。こけむして鋭く尖った石が、舌のように波打った形になっている中を進んでいる。六時四十五分、モレーンのように石だらけの白沢の涸れた沢に出るまで、軟らかい道を楽に歩いた。ここへ来る途中で、前方三百ヤードを、どでかい黒熊が左から右にのしのし歩いて横切るのを見た。

登るにつれて、木の間から山峡の左手上方に、鋭く尖った山頂の先端が見えた。陽の光で金色に輝き、すばらしい。岩場で時間をとられたが、午前八時にそこを抜け出してほっとした。下の流れで水筒を一杯にし、間もなくその先端で雪を越えた。

斜面の上で、前穂高への通常のルートが右に分かれる。そのルートなら二、三時間で頂上に行ける。

雪のところで清蔵は、小さい氷河の裂け目があるから見るようにといった。アルプス以外で見るのは初めてだ。雪の斜面のてっぺんで、私たちは八時十五分―八時四十五分に朝食にしたが、ここの風景はとても印象的であった（上高地の上、千七百フィート）。

右に焼岳、左に霞岳、その間にぼかし写真のような乗鞍がきれいに見える。遠くに雲がある。すぐ下には雪の斜面、白沢の石ばかりで涸れた沢が、梓川のくねった流れに伸びているのが見える。

氷河の上端のクレバスともいえる巨大な切れ目は、三十フィートくらいの深さの割れ目だった。古代ローマの城壁にある「杉あや模様」の煉瓦のように規則正しい縞に似て、大きな灰色の岩の層が、一定の角度でほぼ垂直に傾いていた。

ここでは去年、雪を越えて岩場まで二十フィートほど下りなければならなかった。だが今回は岩から岩へ飛び移ればよかった。八時四十五分、不要になった物を置いて、私たちはたいへん鋭くてごつごつした崩れた岩を登りはじめた。

やがて険しいバットレスとなり、草や低木やハイマツをつかんで自分を引っ張りあげながら登った。このバットレスのてっぺんで私たちは小さい切れ目を横切り、ほとんど垂直の壁面を通り過ぎた。そこは、白沢峡谷の最上部の雪の斜面から、さらに五十フィートほど上方だった。この日の登攀で一番きつい部分で、最大の注意をはらった。これを過ぎてしまうと、あとは主稜に向けて次第に左寄りになる頑丈な岩の背を伸びていく、ごつごつした斜面を登るだけだ。初めのうちハイマツなどを頼って進んだが、最後は崩れた幅広い岩そのものだけが、私たちの頼りとなった。そこには、ぽつんと一つ花をつけたイワカガミを見つけた。もっともイワカガミのブロンズ色の美しい花は、高いところの岩の割れ目や隅のほうに咲いていた。たぶんそのむき出しの岩の表面は、この花にとっては乾きすぎているのだろう。

十一時三十分ころ、私たちは登りがきついので、もう一度朝食をとって最後のひとふんばりに備えることにした。ついに私たちは一対の頂上をとらえた。左側の方が二、三フィート高く、これが奥穂高あるいは岳川岳の事実上の山頂で、私たちの左に聳えていた。岳川岳の名は、世間にはあまり知られていない。

正午を少し回ったころ、私たちは穂高の偉大なやせ尾根〔吊尾根〕の上にいた。この尾根は、明神岳の尖峰から槍ヶ岳へかけて、曲がりくねって伸びている。右手には一番急な絶壁が涸谷、そして横尾の入江に向けて落ち込んでいる。足下には、奇妙なのこぎり状にぎざぎざの雪があって目を引いた。

残念ながら、槍ヶ岳を含む主峰のほとんどが雲に隠れていて、一方に笠岳、もう一方に常念岳だけが見えた。南〔前〕穂高が、右手の二百フィートほど下にある。その広い頂上は、奇妙な小さい四角形の塔〔測量用の櫓〕があるのが特徴で、人間が作ったものだろう。
山稜自体の割れ目に、薄青色の小さくて優美なリンドウが根をおろしていた。それ以外にも白いリンドウや、金色、白色に輝くハクサンイチゲなど、希少な高山植物がいっぱい咲いていた。

私たちが最後の一歩を踏みしめたのは、十二時三十分ちょっと過ぎだった。山頂〔奥穂高岳〕は花崗岩の小さな突起で、槍の穂先に似ている。穂高の高尚な頂に、女性が初めて登頂に成功した。人夫たちは、彼女を万歳（バンザイ）で祝福した。七時間半におよぶ苦行と、一歩一歩確実な登りで頂上を極めたのだ。

四方のどこを見ても、将来、挑戦すべき登頂ルートの可能性があるように見えるが、私たちが上高地の谷間から見上げると、白沢峡谷の左手にかけて一対の高峰が冠たる山稜は、それ以上に期待をもたせるルートは、ほかにないだろうと思われる。

楽しく語らい、食事をし、写真を撮っているうちに、四十五分近くはあっという間に過ぎて、私たちは後ろ髪を引かれる思いで頂上をあとにした。そのとき人夫たちは、今日、とうとう女性が登頂に成功したが、次に女性が極めるのは、相当時間が経ってからのことになろうと、決めつけるようにいった。

午後一時十五分、下りについた。あるところで嘉門次が勘違いして道を誤ったが、幸いにも、フランセスと私が同時に彼の間違いに気づき、彼を呼び戻した。慎重にすべてうまく運んだが、ぐらつく岩などは足をかけても大丈夫か安全性のテストをし、ときどき、危ないものを動かしたりしなければならず、下山には時間がかかった。

時間節約のため、白沢の頭で先にお茶をいれておこうと、私は、若い常吉といっしょに先頭を行った。白沢のちょっと上に崩れた岩があったのだが、私は岩が不安定ということを身をもって感じた。数百ポンドもあろうかという岩が、私がまさにその根元でお茶をいれようとしているとき、何の前ぶれもなく突然動きはじめ、すんでのところで横に逃れるや、下のクレバスの中に雷のような轟音もろとも転がっていった。岩が砕ける音と、砕けながら転がっていくごろごろいう音とその唸りが、さらにこだまして大きくなった。嘉門次が心配そうに仲間を見まわし、ずっと下にいて見えない私を気づかって、「大丈夫か」とどなるのが聞こえた。

雪をとかして水にしたが、とけ方が目に見えない程度で手間がかかり、お茶をいれるのが遅くなった。待っている間はブヨ――この辺りの山岳地帯の動物や人間、それに獣や家畜を天然の休み場としてはびこっている蝿――の攻撃に対して、むだに狂気じみた時間を費やした。午後四時から四時三十分まで、私たちはこの厄介ものを耐えしのんだ。それでも、お茶は何とおいしかったことか。

シベリア鉄のコップに注がれた私の分を、不注意にも足で蹴とばしてしまい、中味の飲み物が、まさに私の目の前でごみやちりの中に消えてしまった。その光景は、何と嘆かわしいことか。ドッセン小屋〔グリンデルワルトの東、ローゼンラウイ氷河の近くにある〕やパノシェールでも、昔、こんなことがあった。

いよいよ最後の荷造りも終り、私たちは意気揚々と雪を下りはじめた。その次のたいくつな石道を越えるのはつまらなかったが、そのあと倒木が点在する森林の軟らかい道に入ったので、また意気は盛り上がった。ガラスのように澄んだ流れを渡って、十二時間前にはひどく大量の露があり、通るだけでずぶ濡れになった背の高い笹も、今は乾いて、ここを通って下るにつれ、気持ちがどんどんと高ぶった。

激流の氷のように冷たい水もだが、その水よりも私たちを元気づけてくれたのは、おいしくて甘ずっぱい、熟した黒スグリだった。これの香りと味は、二十年前嘉門次と初めて穂高に登ったことを、いつも思い出させる。

地方の名前、蜂（ハチ）ノブドウ、岳ノブドウ、サッショウブドウ。

松村教授（帝国大学植物学）＝スグリ。

私たちが森林をぬけ出たのは、午後七時近かった。そして、橋から温泉に続く道にでた。十五分すると、温泉の主人に心からの友情で迎え入れられた。彼にとって穂高の最高峰に初登頂したことは、まことに興味のあることであり、これから何日間も、ひんぱんに世間話の種となるのは、間違いない。

快適に、ゆっくりと入浴。夕食も同様においしく、十分な睡眠。私たちの上高地の最終場面は、こうして終った。

八月三十日　土曜日

快晴の一日。猛暑、九十二〔三三・三〕度。やがて夕方には涼しくなり、星がこんなに輝き、夜空が映えるのは何かの前兆か。休憩。出発を考慮して、荷物の詰め直し。

ＹＭＣＡ（アメリカ人）の書記七人〔この年、軽井沢に滞在したＹＭＣＡ関係者には、Ｊ・マール・デイヴィス、シューメイカー、マッキム、ビューレンと、この翌日ウェストンが名前を記すジョージ・グリーソンとＧ・Ｓ・フェルプスがいた。この人たちと推察される〕が軽井沢から到着した。大変思いやりがあるが、九時四十五分かそこらまで騒がしく、私は一時間しか眠れなかった。

八月三十一日 日曜日

昨夜は、星がきらめいて輝くほど上天気だったのに、雨と霧になって本当にがっかりし、びっくりした。明日はもっと天気が悪い見込みとのことだ。

それで私たちは、恐れられている二百十日（ニヒャクトオカ）に上高地で足止めされないよう、今のうちに徳本峠を越えることに決心した。六時三十分に朝食をとり、荷物を整理しながら詰め直し、七時三十分に清蔵と嘉門次と三人の強力といっしょに出立した。グリーソンとフェルプスが、親切にも見送ってくれた。私たちはこれまで一か月間の本拠地を、さみしさと安堵が入り交じった気持ちで離れ、灰色の霧の中へと歩きはじめた〔翌大正三年八月二十三日の日記によると、雨がなければ、焼岳の麓から白骨温泉経由で下るつもりだった〕。

八時三十分に、私たちは徳本小屋で数分間休んだ。午前十時には、そこから二千フィート上方の峠にいた。根もとから裂けた巨大な樅の木が、峠の峰を見下ろしていた。そこには、私たちが最後に通って以来、たくさんの旅人が通ったことを示す、たくさんのしるしがあった。ブヨが、また何時間も私たちを困らせた。

東側に下って、私たちは急流のごうごうと音がうるさい峡谷に沿った、石の多い五マイルの道を、岩魚留の小さい休み家へと急いで進んだ。そこには十一時二十分に到着した（これを書き上げるため、二十分間休んだ）。

ここで昼食のため正午十二時まで休止し、それから、この「中間小屋」から午後二時には清水屋に至るべく、島々への残りの三里を進んだ。清水屋では、加藤夫人に温かく迎えられながら、急いでお茶を一杯飲んだ。

CBF、徳本小屋から八百フィート低い。四千三百フィート。

馬車がすぐ来たので、二時二十分ころ出発した。この馬車は今までのどれよりも速かった。この優れた小さい馬はほとんど休むことなく進み、その早足はずっと続いて、わずか一時間四十五分足らずで目的地の松本に着いた。清蔵は大半の荷物といっしょに、半時間遅れで着いた。私たち全員は、午後四時五十分の汽車で明科へ進んだ。そこには五時二十分に着き、明科館(アカシナカン)〔明科駅の正面にあり、ときの主人は倉科多策〕に泊った。最高に心地よい部屋三つを使った。調度品はどれもよく手入れされていた。夜、雨が激しく降り、眠りはいくぶん□□□〔判読不能〕だった。

九月一日　月曜日

周りの諸条件があまりよくなかったので、十時四十分になってやっと、大町、四ツ家(ヨヤ)を経て、白馬岳へ行く途に出発することができた。しかし、いざ出発となると私たちは優雅にやった。「優雅」だったのは、ゆったりした四輪馬車、それも二頭立て。どれも使い古したものだったが、日本の田舎道の馬車としては最高で、卓越したものだった。車両はおそらく、東京で最近、自動車にとって代わられたものの一つだろう。

注記。『ツーリスト』〔日本交通公社が発行した雑誌。ウェストンは帰国後も購読した〕一九一七年七月、二十頁、「湖水の地方」。

軽便鉄道が今や明科と大町を結んだ。

明科から大町までの十三マイルの旅は、二時間二十分かかった。私たちは、途中に学校がたくさんあるのに驚いた。そこへ通う子どもの大多数の恰好よりも、学校の方が立派に見えた。大町では、私たちは一時から二時十五分まで対山館で休んで昼食をとった。そこは、十九年前には今という名前だったと記憶している。この家の息子〔百瀬慎太郎〕は熱心な登山家で、去年、島々で会ったことがある。入口の門には、この家が日本山岳会の「基地」だとした説明の看板があった。

二時十五分に、私たちはまた先へ進み、すばらしいナカツ〔中綱湖〕、□□□〔地名が空欄、木崎湖〕、青木の湖を通り越し、三時間が経過する少し前、四ッ家の𠆢木屋（ヤマキヤ）に到着した。𠆢木屋は、見かけこそ質素で飾り気もなかったものの、私たちは礼儀正しい心づくしを受けた。若主人の松沢（マツザワ）〔松沢貞逸〕はとても世話好きで勤勉だった。

蚊もほとんどおらず、ＰＩ〔意味不明〕も、私たちを悩ますことはなかった。ベッドは高くて柔らかく、私たちはよい夜を過ごした。もっとも、初めのうち蚕の世話をしている老婆と、そのお手伝いが音をたてたり、最初私たちにあてがわれた一階の部屋では、客の一人が夜盗を見つけて、大声で追い掛け回したりしたので、夜の静けさもぶち壊しだった。

夕食は「マギー」と鶏のカレー煮、それにジャガイモと玉ねぎの「ごった煮」だった。とてもおいしかった。

蚕（注記。バラード〔ジョージ・アレクサンダー・バラード。著書に『日本政治史における海の影響』がある〕、二十九頁）。

蚕には、二時間ごとにえさを与えなくてはならない。彼らは大変崇められて扱われる。「オ蚕様（コサマ）」と呼ばれるほどだ。すなわち、その近くへ行くときはだれも、身体も衣服も完全にきれいにする。蚕部屋で口論することは、忌むべきことと考えられている。蚕がいるときは、大声で話してはいけない。そんなことをすれば、生糸の品質が落ちる。

「クワバラ」。桑の木立は、だれかが大声で叫ぶと、明りが消される。桑の木立は、明りを当ててはいけないことになっている。

注記。パウサニアス〔二世紀のギリシアの著述家〕（五十三頁）。

中国人がいかに蚕を□□〔判読不能〕したかを伝え、彼の先輩、後輩のどの著述家よりも、絹と蚕の関係をより結びつけて書いている。彼のその情報源は、ローマの大使館員の一人に直接、間接に求めたらしい。大使館員は、皇帝が送り出した人であることは、中国の□□で明らかになっている。

九月二日　火曜日

六時三十分にお茶。荷造りなどを完了したが、午前九時まで出発を待たされることになった。細野村の強力が、年一回の村祭（二百十日）を夜通しでやったとかで、約束の午前八時に現れなかったのだ。

灰色で、がっかりする朝だった。しかし主人は気圧計を見て、天気はきっとよい方に向かうという、私たちの見方に同意した。

一時間というもの、私たちは川（松川）の右岸の道をずっと通っていた。それから新しい橋（一九一三年五月）を渡り、右に折れて北股の右岸を登った。四ツ家の上方、四百フィート。

ここで私たちは十五分間、先頭の人夫を待たねばならなかった。人夫たちには四ツ家を出てすぐ、荷物をとりに行くところで会っている。道はすぐに険しくなり、他の二人の人夫が私たちに追いつくように、十時四十五分から十一時まで休んだ。

十一時三十五分に、私たちは荒れ果てた炭焼小屋へ到着した。北股の右岸の小さな流れの脇にあり、私たちはここで十二時十分まで、食事や写真を撮るために休息した（四ツ家の上、千百五十フィートの高さ）。

進路は、森林が密生した山ぎわをうねって回り、ときおりは、いつも左側にある小さな急流を渡りながら進んで行った。ついに一時三十分ころ、私たちの前方の見上げるところに、大きな雪渓が見えた。このあとの登攀は、だいたいこの雪渓を行くことになる。

でも、目ざしている小屋はまったく見えず、（そこへの道もはっきりせず）その道を捜すのに半時間以上かけたが無駄に終った。強力はずっとうしろに遅れていたが、二時三十分ころにまた現れた。そして、雪をかぶった急流を渡るよう、私たちに指示した。ここでは、水はかなりな轟音をたてて勢いよく流れている。左岸にある小さな支脈の対岸で、私たちは捜していた岩屋〔白馬尻の岩小屋。登山路からはずれていたが、当時は貴重な岩屋だった〕に到着した。とかくするうち、フランセスが私のお気に入りの、すばらしいミヤマオダマキを見つけた。

小屋は、四ツ家からおよそ二千八百フィートの高さにある。つまり標高五千フィートちょっと上である。

これは槍ヶ岳の麓の赤沢小屋と同じく、巨大なくさび形の岩でできているが、両端や側面は手荒に板でぐるっと囲まれ、石で一杯になっていた。粗削りの板が床の一部となっていた。鉄なべが二、三個、日本の茶碗が入ったざるが一つ、やかんが一つ、小さく背の低い食卓が一つなど、これがここにある主な備品だった。

この小屋が初めて建てられてすぐ、暴風雨で部分的に破壊されたままで、来年、「立派(リッパ)ニ」再建されるはずである。これまでのところ、外国人は八人くらいが登ったが、今までに外国人女性が来たことはない。

小屋に到着して、私たちは道々集めてきた木で、火を熾(おこ)しにかかった。作業しながら急いでおいしいお茶をいれ、皆が飲んだ。いっしょに持って来た布団(フトン)二枚と茣蓙などを板の上に広げ、やがて調理作業にとりかかった。

私たちの分は、「マギー」のえんどうのスープ、ビーフステーキ、キドニー・パイ、朝ふかして持ってきたジャガイモ、それにジャム、バター、ビスケット、りんごだった。

よく眠れるはずだと思っていたのに、仲間の何人かにいびきをかく人がいた。フランセスはよく眠ったが、私は真夜中過ぎまで寝つけなかった。火にくべるために新たに切ってきた木は、最初はとろとろとしか燃えなかったが、あとで燃え出し、やがて強い火になったので、夕方からは厚着の必要がなくなった。

丸山広太郎（マルヤマヒロタロウ）
〃　嘉吉（カキチ）
〃　角次郎（カクジロウ）
〃　吉十（キチジュウ）
〃　利雄（トシオ）
〃　徳十（トクジュウ）
〃　ソータロー〔市三郎ではないかと推定するが、確認できない〕
松沢貞逸（マツザワテイイツ）

小屋は、強力や強力たちが案内する登山者の便宜のために、四ツ家の宿屋、〆屋の主人と、大勢の丸山家親族の者によって建てられた。

何対かの金（カナ）カンジキ（三本爪のシュタイク・アイゼン）が、雪場で登山者が使うよう、常に備品に含まれていた。

九月三日　水曜日

午前三時三十分に皆、すっかり目覚めた。朝食の準備が進められた。コーヒー、ソーセージ、ママレードなどもついて、すてきな朝食だった。

三人の強力の中で、やや悲しげな、鳥のような顔つきの一人が、私たちの留守中に小屋と所持品を守るために残された。他の二人〔うち一人は、伝刀林蔵と思われる〕と清蔵は、私たちに同行して登った。急な雪の斜面で使うために、各自がそれぞれ一対の金カンジキと、この土地独特のアイス・アック（まさにレスリー・スティーヴン〔一八五七年のアルパイン・クラブ創設当時の会員、著書に『ヨーロッパの遊歩場』がある〕そっくりの）を持って行った。

私たちは、四時四十五分に霧のかかる中を私の懐中電灯の明りで、小屋を出た。しかし夜間、気圧計の針が下がったのを見ると、晴れることは望めない。

五時十五分過ぎ、湿った草の中を進み、私たちは険しい土手から雪の斜面に下りた。いくぶん、コンコルディア小屋〔スイスの山、メンヒの東三キロにある〕からユングフラウへの登り坂の初めを思い出させる。

雪がでこぼこな氷丘の状態だったので、登りはすごく楽だった。

そして、私たちの右手も左手も雪で覆われた峡谷で、ところどころ切り立った暗い絶壁がある。これが、日本アルプスの中でもずばぬけて印象的で、並はずれた壮観をなしている。初め

白馬岳の大雪渓（N. G. M.）

の一時間で千五百フィート登った。一、二回、私たちに被さっていた霧が散り、くっきりとした青い空を見せた。青空を遠景にして、まばゆいほどの雪の幅広い斜面と、雪の筋で着飾った桃色に輝く花崗岩の山頂が映え、そして私たちの身体も希望に燃えあがった。

六時十五分に、小屋から二千二百フィートの高さの、最初の大きい雪渓のちょっと上で小休止した。東方の、遠くの雲の上に戸隠が現れた。灰色の海の上に盛り上がった、鯨の背中のようだった。左には杓子(シャクシ)の尖った頂が見事に聳えていた。

六時二十五分に、急勾配だが、花があって華麗な草の斜面に沿って登った。初夏には、ここは完璧な花畑になるはずだ。

　ミヤママンネングサなど。

六時五十分、昔、銅を掘り出す坑夫が使った小屋〔白馬銅山のために、葱平(ねぶかひら)に明治三十九年に建てられた〕の廃墟に着いた。やがて道は再び山の主稜へ向かい、湿った草を通って屈曲して登っていった。このころには、私たちはもう一度雲に包まれた。ときどき陽の光が雲を突き破ってきたが、それもすぐに終った。頂上はもちろん近くも遠くも見えず、私たちに見えたものは足もとの石と、低くはうハイマツと高山植物だけに限られた。ここで私たちは右（東）に曲がり、道はおだやかな斜面に続いた。

七時五十分ころ、小さな「上の小屋」に出た。それは、ひと昔前の避難所〔測量隊が使った石室〕の下側の壁の残骸の脇に立っている。ここで私たちはしばらく軽食をし、食糧とザックを置いて、二人の人夫のうち一人に預けて、残りの者は八時五分に頂上に向かっていった。

右側は壮大な絶壁が、あちこちに雪の筋をつけて急勾配で落ち込んでいた。

八時二十分に私たちはここが山頂〔白馬岳〕というところに到達した。頂上から三十か四十ヤード向こうに、三角点の下の部分が立っている〔明治二十七年十月、三角点の櫓が完成した〕。（前）穂高のものと同じく、そこからの眺めがよいので、この三角点は「一等（イットウ）」（第一級）と区分〔どちらも一等三角点〕されている。それなのにああ、どうして今日は何も見えないのか。そしてＨＳＢ（クイック・レモネード）を飲んで乾杯し、写真撮影。

八時四十五分に、私たちは上の小屋へと下りはじめた。上の小屋で八時五十五分から九時四十分まで、もう一度、二回目の朝食のため休止した。私たちがいない間に、残った強力がハイマツで火を燃やしていたので、濡れた靴下や深靴を乾かしたりして、快適さをとり戻した。

十時三十分に、崩壊した岩や草の斜面を通過して、雪の端の一番高いところに着いた。両側とも雪が急傾斜で長く広がり、ところどころに、いかにもアルプスの特徴が点在していて、見ている私たちを圧倒した。ゆっくり下るのは困難だと思われたので、十時四十分に私が先頭に立って行った。半時間かからずに小屋に着いた。十一時十分（実際の歩行時間は頂上から一時間三十分）。

小屋ではお茶を飲んだり、靴下を替えたりしたあと、ドアをしっかり閉めて、十二時四十五分に湿った霧の中を出発した。二時十五分には、私たちは炭焼小屋にいた。ここで、ちょっと早いが三時のお茶を飲んで、半時間を過ごした。

古風で小さい風呂に入って〔四ツ家の米屋に帰着した〕元気づいたのを振り出しに、「マギー」と三尾ずつの鱒で夕食をとった。やがて午後八時の就寝の時間となるが、子守り歌はいらなかった。蚊の歌声があったが、蚊帳の中で寝たので恐ろしくもなかった。もっとも、のちに少し喰われて起きたりしたが。

フランセスは、この地では初めての外国女性だったので、周りの人が大きな好奇心を抱いた。例えば、男女児が下の道路に群れをなして、せきばらいをして妻の関心をひこうとしていた。

九月四日　木曜日

強力の頭領が細野からやって来て、私たちが払った料金とチップ（一日当たり各人に一円）の返礼をした。私たち三人が二晩宿泊し、強力の二日分の料金、ミルク、特別な厚意に対する勘定書を支払ったとき、それは十二円を少し超えただけだった。

若主人、松沢貞逸の気のきいた、親切な配慮に勝るものはなかった。彼自身も熱心な登山家であり、客の計画作成を精一杯手伝うほど心にかけてくれた。

八時三十分かそこらに私たちの「優雅」が用意された。馬も馭者も替わり、さらにうれしかった。次の村まで、宿の主人が馬車の上り段に乗ってきた。それは、ありがたいことだった。というのも、ほどなく前輪が危ないくらいぐらぐらし始め、取りはずして、日本式の手拭を使って、もっとしっかり据えつけ直さねばならなかった。この作業はその後も繰り返すことになり、私たちは青木湖への長い斜面の登りを歩いていった。私たちの登った山は、終始ずっとそこにあった。山には雲がかかっていたが、三湖の眺めは大変すばらしかった。

十一時三十分に、私たちは再び大町にいた。私が写真屋の松川（マツカワ）を訪ねている間、フランセスは先に今の宿屋に行った。ここで、私たちは明科に向かってもう一度出発するまで休んで、昼食などをとった。おいしいオムレツなどの「安い勘定」を支払ったとき、私たちは「アゲモノ」として上品な絵葉書と、「蕗（フキ）」――アンジェリカの砂糖漬けの一種――を一箱もらった。四ツ家でも出発の土産として、同じ蕗二箱をもらっていた。

大町で馬が替えられた。二頭のうち一頭は藁の草鞋を履いていたが、馬が履かないときは、ブレーキの消音装置としても使われた。快適なドライヴは、午後三時ちょっと前に終ったが、時間だけに限っていえば、元気な登山者なら日の出とともに出発すれば、白馬山（ハクバサン）の山頂を極め、その日のうちに明科に来て、午後五時二十分の汽車に乗って、同夜、軽井沢に着くことができるという事実を証明した。

しかしながら、私たちはそんな記録をつくる気はないので、明科館のすばらしい部屋でもう一泊することにした。

写真屋の店の掲示に「日本アルプスの絵葉書」とあるのに引きつけられて、欲しいものがあるか見に行った。そこの人は傲慢で、縮れ毛に油をつけていて、以前、横浜の玉村〔横浜の弁天通二丁目にあった写真館。主人は玉村康三郎〕で数か月働いたことがあるらしい。彼の絵葉書は、ほとんどが大町の松川が作ったものの複製で、ほかに彼が作った最高の見本というのは、アメリカ女優の顔写真を借用したものだった。それでいて料金は、江南〔横浜の弁天通一丁目の江南写真店。主人は江南保で、手彩色のスライドの技術がいいとして、ウェストンは特にこの店を愛用した〕や金幣〔横浜の本町一丁目にあった。主人は日下部金兵衛〕より五十パーセントも高い。

パンが手に入らなかったが、自分たちのビスケットで持ちこたえた。ベッドより柔らかい何枚もの布団で、ぐっすり眠った。

九月五日　金曜日

早朝の霧が消え去り、常念、燕、有明山や、遠くの白馬のすばらしい展望が現れた。じれったいほどの晴天で、誘惑される。

宿の勘定書は少額で驚かされた。私たちが一人一円二十銭で、清蔵は四十銭だった。女主人が駅まで見送りにきてくれた。午前八時五分の列車で軽井沢に向かった。私たちは駅の大きい立て札に、明科は日本アルプスの白馬山の麓、北城（ホクジョウ）（細野（ホソノ））から、たった十二里だと記してあるのに気づいた。

一時間四十五分のくつろいだ旅で、篠ノ井に着いた。ここで私たちは、午後十二時二十五分の軽井沢行きまで、二時間半待つことになった。その間、私たちは去年私が訪れた、さっぱりした小さい宿屋で本を読んだり、休んだり、昼食をとって過ごした。

汽車が出発する際、見なれないものが現れたと思ったら、それはアメリカ人宣教師で、黒いフロック・コートにヘルメットを被り、白いチョッキを着ていた。

軽井沢に到着して、私たちは軽井沢ホテル〔軽井沢の本陣にあった。主人は佐藤熊六。駐米英国大使ジェイムズ・ブライスが任期満了で帰国の途中、日本に寄ったのは、この年七月のことで、そのときはウェストンと二人で万平ホテルに宿泊した〕に泊った。

九月七日には、D・W・フレッシュフィールド〔ダグラス・ウィリアム・フレッシュフィールド。ウェストンのアルパイン・クラブと、王立地学協会への入会を推薦した。一八九三年にアルパイン・クラブの会長、一九一四年には王立地学協会会長を歴任。ウェストンは生涯、尊敬を表した〕が加わった。彼は九月四日に日本に上陸し（シベリア経由）〔ヨーロッパとロシアを鉄道で横断し、ウラジオストクから船で舞鶴に来た。ウェストンの三回目の来日も、同じルートであった〕、すぐ東京から来たのであった。

私たちは、フランセスの誕生日に碓氷峠あたりの散歩しかできなかった。フレッシュフィールドと私は、それから二晩泊りで妙義山に行き、横浜に戻る途中松井田駅で、フランセスとド・バンセン〔エリック・ド・バンセン。駐日英国大使館員。このあとフレッシュフィールドと上高地に同行し、ウェストンが日本山岳会の入会を推薦した〕に合流した。

フレッシュフィールドは、私たちと共有していた本部を使ったりしていた。日本が秋で天候不順の間、北京に行ったが、天皇主催の観菊会〔十一月十一日。当時は、立ち寄った外国の著名人も招待されたらしい〕のため戻った。続いて同夜、日本山岳会が私たちに催してくれた晩餐会〔両国の亀清楼で開催された〕に出席した。

北日本アルプス、富士（一九一四年）

備忘録

泣き面に蜂。

こおろぎ橋、加賀（カガ）、山中（ヤマナカ）温泉。

S五三一、富士山の頂上での二人の登山者。一人は杖がある、もう一人は這っている。

富士山の表通りに対して、茗荷岳（ミョウガダケ）〔富士山の南西にある寄生火山〕の休憩所は二回に制限される。

参謀本部（サンボウホンブ）の高度。

	日本の尺	（尺をフィートに換算）
富士	一二四六七	
甲斐ケ根〔北岳〕	一〇五三四	（一〇四六九）
槍	一〇四九四	（一〇四三一）
赤石	一〇二九六	（一〇二三七）
奥穂高	一〇二四〇	（一〇一八一）

御嶽　一〇一〇八　（一〇〇四六）
仙丈岳（センジョウダケ）　一〇〇〇七
乗鞍岳　九九五六　（九九二五）
劔山（ママ）　九八九三
立山　九八七四　（九八三一）
甲斐駒　九七八八
信州駒〔木曾駒ケ岳〕　九七五五　（九七二六）
白馬　九六七七　（九六二二）
八ケ岳　九五六七
間ノ岳（アイノタケ）　三一二八〔これだけはメートル〕

二八七、一段、仙丈岳の登山。

上高地温泉、温度五二〔一一・一〕度。
明科を出発、十時四十分〔前年九月一日の時間らしい〕。
坊主岩小屋、二千五百五十フィート赤沢の上。

LK出発、七時十五分。
峠、九時十二分。

赤沢岩小屋　午前五時五十分出発〔以下、時刻に異同があるが前年八月八日の時間〕。
坊主小屋　八時三十分到着、九時十分出発。
槍ヶ岳　午後十二時十分到着、一時五分出発。
坊主小屋　二時五分到着、八千八百、二時四十五分出発。
赤沢岩小屋　四時四十五分到着、午前七時出発〔以下、前年八月九日の時間〕。
槍沢渡り　十時到着、十時二十五分出発。

百瀬慎太郎、大町、対山館。

警察官規約（一九〇四年）。
・外国人は、役所にいる間も、帽子をとることなきを理解すべし。
・女性は、たとえ式典会場にても帽子をとることなく、街路にて夫妻が手をとりあって歩くのは、通常の慣行であると理解すべし。

・外国人は、動物への残虐行為に関して、非常に敏感である。それゆえ、かかる事態には特別なる注意を払うべし。

・外国人の言語、行動もしくは服装に関して、身ぶり、もしくは言葉にても批判することなかれ。

・外国人と連れだって歩くときは、同人と歩調を合わすべし。

・外国人が同人の時計を注視せるときは、いずれかに商用ありと考え、諸君が立ち去るべきこと。

・外国人は借金申込みに対し、常に応ずると思慮するは間違いであること。

〔ウェストンは、一九一六年ロンドンでの青少年への講演で、この内容を語った〕。

中国人は自らが、徳は山と関連あり、知は水と関連あるという。徳と知が両立する人はいないと、皮肉にほのめかしている。

アストン『神道』〔ウィリアム・ジョージ・アストン。『神道』はロンドンのカンスタブル社発行〕。

八六〇年に、薩摩(サツマ)の火山が従四位を受けた。これは火をわきまえる業績に感謝して、ベスビアスが、殊勲章と同等のイタリアの章（現在も保有している）を授与されたのと、非常に似ている。

大熊座が輝くもとに睡眠。

横浜、根岸……ラジウム蜂蜜と石のような蜜蜂、佐藤蜂蜜商会、養蜂場併設。

『日本旅行案内』八版の正誤表、二百八十四別刷り頁、赤岳（アカダケ）〔八ケ岳の最高峰〕の標高九千五百六十七フィート。

注意。『日本雑誌』五月十七日号。

三頁、「越中の二つの神秘」㈠ホタルイカ、㈡蜃気楼。

㈠ホタルイカ……小さくて、特に恐怖のとき青光りする。注記、滑川（ナメリカワ）の富山水産学校で、季節になると観察会。

㈡蜃気楼（シンキロウ）……滑川か魚津（ウオツ）（さらに東へ五マイル）で最もよく見える。四月—六月（一九一七年には二月に見えたが、これは異常）。

富山とその専売薬品、ＩＪＧＲ、三号、二百五十五。

七月二十七日〔月曜日〕

午後三時四十三分に、横浜を去った。ひざの件で久保医師〔久保徳太郎。当時は聖路加病院の副院長〕宅に行き、面会した。新橋駅で夕食をとった。午後七時二十分、上野を出発した。直江津へは蚊さえ除けば、とても心地よい旅だ〔清蔵は軽井沢には現れなかった。私の葉書が届くのが遅れたようだ〕。

直江津で、午前六時ころ滑川行きに乗り換えた。線路は、全行程ほとんど海岸線を行く。別荘のような民家は、このさらされた海岸で互いに安全と安定を保つように、寄り添って集落となっている。黒部川の橋、日本の三長橋の一つ。たくさんのトンネル。

黒部川の源＝鉱山があり、最良のモリブデンを産出。大砲を鋳造するのに用いられる。

岩はそれほど赤くも険しくもないが、シドマウス〔イギリスの西南端に近い町〕あたりのデボンの海岸線などに、かなり似ている。糸魚川を通過した。ここには二十年前、直江津から船で来たことがある。

滑川に近づくと、剱岳のすばらしい眺望。ごつごつしていて黒い。筋状の雪の峡谷。大変暑い日。滑川で（九時二十八分）、五百石行きの軽便鉄道に乗り換えた。かなりがたが来ていて、おまけにほこりっぽい。五百石へは一時間ばかり。ここに佐伯平蔵が迎えにきていた。おとなしく、たくましい人で、私の荷物全部（リュックサック以外）を、駅から宿屋まで運んでくれた（約百六十フィート）。宿の人たちは少し無愛想。軽く食事をとった。

十二時三十分に、芦峅〔芦峅寺〕（四里半）に徒歩で（荷物は馬で）向かった。むし暑い午後で、たびたび休んだ。

芦峅に到着した。木々の間にあって絵のように美しく、簡素で古風で、人里離れたすばらしい場所。五時三十分。村の寺院の知名人、佐伯□□〔名前の記入はないが、秀胤。芦峅寺一二三番地〕の家に滞在した。みごとで高尚な部屋だが、大変暑く、蚊が多い。したがって、ほとんど眠れなかった。

七月二十九日　水曜日

午前六時、起床。平蔵、その弟〔佐伯春蔵〕、親類の人、もうひとりの人〔平蔵と仲のよい志鷹喜一ではないかと推定されるが、確認できない〕といっしょに、八時十五分に出発した。大変暑い。

常願寺(ジョウガンジ)川右岸の、絵に描いたような、ほとんど平らな道を進む。対岸には立山温泉に通じる小径があり、しばらくの間、大きく鋭い山稜のうしろに隠れるが、やがてまた見えてきた。

藤橋(フジバシ)と呼ばれる「マンネンバシ」（五十町）で、称名(ショウミョウ)川（常願寺の左の支流）を渡り、上方にある小屋で食事のために休んだ。

それから材木坂(ザイモクザカ)（玄武岩）の、大変険しいバットレスを登った。一里近くの道のりだった。


参照。『日本旅行案内』旧版、三百十六頁、「石になった木」の伝説。

立山の上滝(カミタキ)や室堂(ムロドウ)の石に変わった川原〔材木坂の絵葉書に、ウェストンが説明を書き込んだもの〕。


谷を渡ると、アワス小屋があった。立山温泉から一里のところ。

東京高等学校の学生のパーティが、しゃべっているのに出会った。代表の一人が、私はウェストンさんの友人か、と尋ねた。私の写真を撮らせてくれと頼んできた。激しいにわか雨のあとの小径で滑りやすい。

ついに午後二時きっかりに、ブナ茶屋についた。大変激しい土砂降りがあり、私たちは難を逃れたが、この先の道の状況が悪いということなので、今夜はここに泊ることにした。着替えをし、食事をとり、読書し、旅の記録を書いた。

細い木の骨組みで屋根が多少なりと覆われ、三つの開き戸は薄っぺらな油紙やら、細長い変な形の樹皮がかぶせられ、木の床の上には茣蓙を置いただけの、このみすぼらしい小さい避難所は、夕暮れまでには他にも何人かが次々に飛び込んできて、満員になった。彼らが蚕を団体で持ち込んだらしく、それが本能的に私に飛んでくる。まるで放し飼いされているようだ。私が人造濃縮飼料を与えるまで、意のままに飛びはねていた。

他の同宿人はといえば、この上ない大声でしゃべり、歌い、口笛をふいたり、いびきをかいたり、とにかく人間の器官が出せる限りの騒音をたてるので、迷惑この上なかった。

何時間かのち、その間苦言を何回もいい、やっと彼らも静かになったと思ったら、今度は「主人」とその家族が、早発ちの人たちの朝食の用意をはじめた。絶望のあまり、いつ終るのかと尋ねると、準備にはまだ一時間はかかるといわれた。

七月三十日　木曜日

五時三十分ころ「起床」し、七時三十分に発った。道のりの大部分はなんともあきあきするほどだったが、あとは骨が折れた。道はずっと川床を伝っていった。昨日の夕立が、一部に水たまりを作っていた。前方の山岳は見えなかった。単調なため苦痛を破るものは何もなく、立山の室堂近くの雪を源と発する、称名川が三段に落ちるすばらしい滝が左遠方に見えるだけだった。

実際、徒歩行は、全体に今までにないほど退屈だった。芦峅から立山温泉を経てまわってくる方が、ずっとよいと思った。距離は少し長くはなるが、よりすばらしいルートで、もっとおもしろそうだ。

距離（？）、芦峅からブナ小屋　三―三里半
ブナ小屋―弘法（コウボウ）茶屋　二里
弘法茶屋―追分（オイワケ）　一里
追分―室堂　二里かそれ以上

弥陀（ミダ）ヶ原（ハラ）の長く続く荒れ地のはずれにある弘法茶屋、約六千フィートで、私たちは食事のため休憩した。十時二十五分から十一時十五分。その後しばらくは、道は前よりよかった。私たちは、立山から下ってくる大勢の登山者に会った。その中の一人が私に、「ウェストンさんの友だちでは？」と質問した。私は「違う」と答えた。

別の人が、お互いに知っている人のことを話しかけてきた。私が行こうとしている劔岳（ツルギダケ）に、自分が登ってきたことも、私に語りかけた。彼の名は箕作（ミツクリ）〔箕作新六。当時、東京第一高等学校の

学生で、大町から針ノ木峠を越えて立山に来た」（セイモア博士〔J・N・セイモア〕の学生）で、私の知り合いだった。

十二時二十五分に、私たちは追分に着いた。ここで芦峅からの主道に、立山温泉からの道が合流する。しばらくの間、バットレスの急な石だらけの川床を登っていく。このバットレスを斜めに進んで、私たちは室堂に向かった。

高山植物はあまり目につかないが、イワカガミが今まで見たことがないほどあり、爽快にその先の道を進んだ。

注記。立山「クロユリ」。希少で、上品な香りがすぐなくなることで有名。

途中で、私が強力に雪の球を投げて当てたりして、四時四十五分に、終点の室堂に到着した。この地は堂々たるものだ。立山や他の山頂から、灰色の雪が広がる絶壁の圏谷のど真中で、四方とも険しく落ち込んだ隆起台地の上に位置している。

アトキンスン〔ロバート・ウィリアム・アトキンスン。東京開成学校〈のちの東京帝国大学〉教授。明治十二年に立山に登山した〕、（二十二―三十二頁）七千五百五十フィート〔『日本アジア協会紀要』

第八巻第三号の「八ヶ岳、白山、立山」。この頁に、木曾福島から白山への紀行がある」。

参拝の人たちに、いろいろな形の蠟燭や缶詰を売る人が、七×六フィートほどの自分の小さな独房で、私がその夜を過ごしてよいといってくれた。登山者の予約があり、ごった返している建物の反対側にあった。

夜は寒くてかなりの強風だったが、私はぐっすり眠れた。蠟燭などを買う人が、たまに眠気を妨害したが。

七月三十一日　金曜日

終日ぶらついていた。大変よい日だった。室堂の西およそ五十ヤードにテントを張った。ハイマツの枝と筵を使ってベッドを作ったりして、とても住み心地よい隠れ家だった。

台地の下には、数個の湖があった。私はいろいろ傷の手当てをしながら、ときおり、その池の端に腰を下ろした。私のよりもっと遠くに、もう一つのキャンプがあり、私はそれを越えて地獄谷（ジゴクダニ）の上の地点まで行った。地獄谷は、硫黄の池が絶え間なく液状の泥を動かし、沸騰する音がこだましている。

結局、八時ころ戻った。私とともにいるのはわずか一、二匹の蚤だけ、外は風のそよぐ音、ときどき小雨がぱらつく音だけで、しのぎやすい夜だった。

八月一日　土曜日

六時ころ起床。ご飯とミルク、ガランティーヌ〔すりつぶした肉や魚を、煮て固めたもの〕、ビスケット、オーベイタイン（これは結構な飲み物）で朝食。

雨で、立山の頂上へ向けて早朝に出発することができなかった。私は短時間、旅行記などを書いて過ごした。やっと少し晴れ間が見えはじめ、出発するかどうか、平蔵が聞きにきた。

十時十五分に、私たちは室堂を発った。石だらけの広場を横切り、雪の斜面を越えて、浄土(ジョウド)山(サン)（右）と立山（左）の間の鞍部〔一ノ越〕へ向かった。ここで私たちは神主に会った。神主は私に話しかける前に、どうしても自分の大きい帽子と錦織りのふちなし帽を取りたいと言いはった。そのうえ彼は、私が御本社(ゴホンシャ)（山頂神社）で礼拝するために旅してきたのか、と尋ねた。そうだとすれば、ずっと私に同行してくれるというのだ。

のちに私は四フィートかそこらの高さの、新しく再建された小さい神社があるのに気づいた。それは平蔵がいうことに、大罪の許しを請うのにお参りするとのことだ。

浄土山との鞍部（室堂より八百五十フィート高い）へ行くため、私たちは左に折れて主尾根を登り、頂上へ出た。近くに、登山者用の約十五フィートの長さの鎖があった。

アトキンスン、八百六十フィート〔室堂との高度差らしい〕。

私たちは室堂から一時間十五分ちょっとで、十一時三十五分についに御本社に到着した。室堂より約千八百フィート高いところにある。立山の頂上は、標高九千八百□十〔数字が一字ぬけている〕フィートである。

社務所に到着、十一時二十五分。内側の頂上の右にある。□□□〔判読不能〕。乃木〔陸軍大将、乃木希典〕と東郷〔海軍元帥、東郷平八郎〕への寄付。ケヤキに金文字。富山県の大名から。

八月一日午前十一時四十五分計測。

気圧二〇・五五、気温五七〔一三・九〕、室堂の上千八百フィート、気圧二〇・九五、千七百五十フィート。

（アトキンスン、千七百フィート）。

アトキンスン、九千二百五十フィート、立山山頂（二千百九十フィート）。

立山山頂（N. G. M.）

神社より少し低い尾根〔五ノ越〕にある三角点の残骸から見ると、御本社は際立っている。それはごつごつした花崗岩の尖った頂に聳え立ち、頂は、右（東）方向に見事な雪をたたえた雄山谷（オヤマダニ）に向けて、鋭く落ち込んでいる。

IJR、二百五十七頁、志賀（シガ）〔志賀重昂らしい〕。立山の地質について。

休んだり、食事したり（ここでホービットを食べ終えた、おいしい）、写真を撮ったり、フランセスに葉書を書いて一時間を過ごしたのち、私たちは十二時四十五分に下りについた。太陽が、ときおり真っ青な空に顔を出した。東の大きい山頂だけは、ときどき雲の間から、紫色にどっしりと見える。

頂上の近くから私たちは右に折れ曲がり、雪のある大きい谷に出た。平蔵がゆっくりと慎重に傍らの道を選んでいるうち、私はグリセードで下った。雪のところより下の、壊れた岩の多い草の斜面はやっかいで、室堂に着くのに一時間十分かかった。午後の早々、雨が激しく降り、夜まで絶え間なく続いた。それに風も強くなり、この状況は楽しいなんてものではない。少し熱がでた。

八月二日　日曜日

終日テントに。八時、十一時、六時に、フランセスたちと同じ時刻に礼拝した。劔岳の登攀計画は、あきらめざるを得なかった。ものすごく、がっかりだ。

八月三日　月曜日

雨は午前中しばらく止んだので、荷造りをし、午前十一時に出発したが、すぐにまた雨が降りはじめ、私たちは小さい避難所に飛び込んで、追分茶屋で食事をとった。

ここで、私たちは弥陀ヶ原を横切って左へ曲がり、立山温泉に下る荒れ地の縁に折り返す前に、石だらけの小さな険しい川原をよじ登ってみた。これは大変険しく、石ばかりで、雨が降ったため滑りやすいと思った。午後三時三十分に温泉に着く前に、私はもうずぶ濡れだった。

鍵を開けなければ入れない個室で、熱い風呂を浴びたあと、私は元気をつけるためにお茶を飲んだ。

大勢の旅行者、大方は低い階層の村人が逗留し、彼らが発する騒音は絶え間がなかった。眠りたい人がいるのに、大人も子どもも歌をうたい、大声で叫んだり、唾をはいたりで、一晩中ひっきりなしに浴舎に出入りしている。少しは眠ったが、陽が出るまで、私はほとんど眠れずじまいだった。

設備の整った部屋がいくつかあった。これは、六、七年ほど前に建てられたものだという。私は、そのうちのたった一つ空いていた部屋をあてがわれた。

隣接する広々としたよい部屋には、富山県庁の役人の一団がいた。ここより下の常願寺川の状況を改善する目的で、河岸改修の調査に来た人たちだった。団長は伊予（イヨ）氏で、築地（ツキジ）の聖路加病院の久保医師の義兄弟だった。その人には途中、横浜で会ってきた。

ガウランド（一八九五）。

立山に噴出する硫黄は、比類ないほど極めて濃厚な液体である。石灰溶液からなり、溶融硫黄も含んでいる。液体温度は沸騰点に達している〔一八九五年十二月にウェストンは王立地学協会で講演した。これはそのあとウィリアム・ガウランドが発言した内容を、『ジオグラフィカル・ジャーナル』

第七巻第二号から再録したもの。ガウランドは、明治八年に立山に登山した、大阪造幣局の顧問技師。日本アルプスの命名者でもある」。

八月四日　火曜日

雨はまだ降り続いている。食事は予想していたよりよかった。一日に二回、私が頼んだニンニク入りオムレツが出たので。

伊予氏は私の部屋が騒がしいことを聞いて、親切にも小さい部屋をひとつ私に譲ってくれた。大変な恩恵だ。ちょうど私が移ろうとしているとき、オズワルド・ホワイト〔英国副領事で、五年後に大阪の総領事になる。この翌年、日本山岳会に入会し、ウェストンの『極東の遊歩場』の刊行のおり、『山岳』に長文の書評を寄せる〕が到着した。二人の人夫とともに有峰、薬師(ヤクシ)、黒岳(クロダケ)を経て上岳(カミダケ)からやって来たのだ。彼も三晩野営したらしいが、同じ時期に私が経験したより、気象条件はよかったようだ。平蔵と一週間つき合って辟易していただけに、聡明で、気の合う同郷人に会えてほっとした。

平蔵は荷かつぎとしては強力だが、仲間としては賢くなく、陰気で憂鬱な男だ。〔根本〕清蔵は、私には大変な損失である。テントを張ることは別として、その他は全部自分でしなくてはならない。人夫たちは決して悪気ではないが、何かしますと私に申し出ることもまれだ。たぶん、何をどうするべきかわかっていないのだろう。

ホワイトが私の部屋に入ることになり、私は、そのまた隣室に移ることにした。私は伊予氏のところに行って、雑談をした。彼は有能で理知的に見えるが、その他の面で、好感が持てるものはなかった。

騒がしいのはいつも通りだが、前日よりはよい夜になった。とてつもない量の服が、地面いっぱいに広げられた午後の光景は、奇妙でびっくりした。

八月五日　水曜日

予想した通り、やっと晴れ間が現れ、雲の中に紫色の光がきらめいた。

私と「遊ビ(アソ)」に、と若者が来た。彼は自分の右眼〔義眼〕を取り出して、点検してほしいと私によこしたが、私は見向きもしなかった。

今晩が最後ということで、伊予氏が仲間とどんちゃん騒ぎをした。彼らは六時三十分ころから真夜中までたばこを吸い、酒を飲み、のべつまくなしにしゃべりまくった。その臭いと騒音で、眠るどころではなかった。私は夜間のわずか数分間眠っただけだった。

午後十時ころ、伊予氏がさよならを〔明朝、自分は早く出発すると〕いいに来た。半ば千鳥足で、臭いをまき散らし、まことにけしからん。このような日本人は、静かにしろと他人が筋を通して苦情をいっても、考慮することなどなかろう。

八月六日　木曜日

私たちは相当疲れていたので、最初、富山経由で軽井沢に戻ろうと決めていたが、結局は午前八時ころ、ホワイトとその人夫二人といっしょに、針ノ木峠を越えて大町へ向けて出発した。黒部平（クロベダイラ）の小屋〔針ノ木谷が黒部川に合流する地点にあった。現在は黒部湖の湖底〕への道は、全体的に、私が二十年前に通ったときより大変に改善されていた。

ある地点で、私たちは湯川（ユガワ）と呼ばれる小さい湖〔刈込池という池があった〕を見るために、横道にそれた。湖の一方の岸で鉛色の湯が、立山の地獄谷（ジゴクダニ）のと同じく、沸騰して泡だっていた。この回り道には、半時間以上のつらい登りも含まれていた。

黒部への道中にある二つの峠の、最初の頂上〔ザラ峠〕に着く前には、私はすっかり疲れてしまった。のどがかわくのに、人夫は水を持ってきてくれないし、次にどこで水が飲めるかという予告もしてくれなかった。正午十二時すぎに、峠の南側の下で昼食にした。

峠の頂上で、私たちは二人の日本山岳会の会員〔吉沢庄作と荒川大太郎〕に会った。彼らは私に、日本山岳会発行の書物に山の雑感でも何行か書いてくれと頼んだ。

注記。ザラ峠は、秀吉(ヒデヨシ)の追手を逃れた富山の大名〔佐々成政〕が、初めて越えたといわれる。

五色=虹の五つの色。赤、黄、緑、黒、白。

注記。「五」義務、自然力、内臓。穀物、米、大麦、小麦、きび、大豆。

レジナルド・ファラー、『日本と□□□〔判読不能〕の高山植物学』。

花(三枝(サエグサ))——ハクサンコザクラ、□□□、□□□〔同前〕、エゾフウロ、ハクサンチドリ、ヤナギラン、ボタンキンバイ、コバイケイソウ、ショウジョウバカマ、ゴゼンタチバナ、エゾイワツメクサ、ツマトリソウ、イワカガミ、ミヤマリンドウ。

右岸の山腹の上の台地が、五色(ゴシキ)ヶ原(ハラ)である。

そのかなり下の急流の左岸上で、雪がいくらかあるところを横切った。峡谷の底に大きい雪の塊があった。お茶を飲み、これで本当に生き返った。そのあとは元気づいた。午後三時ころ、私たちは二番目の峠〔温谷峠(ぬくいだに)〕の頂上に達した。ここも、道が昔よりかなりよくなっている。

ついに、私たちは黒部小屋に下った。以前見たときより、多少趣が変わっていた。すばらしい場所だ。ただ衛生設備だけが、このロマンティックな野営地の、牧歌的な風情には貧弱だった。

人夫が一つの小屋を確保し、ホワイトとその人夫二人は、そこの□□□〔判読不能〕に滞在する。私はホワイトの小屋のうしろにある樵(きこり)小屋に、ハンモックを吊って泊る。最高にすてきな夜だった。

注記。一八七九年、R・W・アトキンスン『日本のAS』八巻〔『日本アジア協会紀要』第八巻第三号〕に書いてある。

黒部の清潔ですばらしい、小さなホテル。この村はわずかにこの家だけで、もう一軒は川の向こうにある。大変がっしり作られた橋があり、ここで川を渡る。二番目の家はやや低い階級である。新道がここまで到達したために、たくさんの村落が道に沿ってある。

八月七日　金曜日

六時のつもりで四時三十分に起きていたのに、人夫がぐずぐずして、八時近くまで出発できなかった。

ホワイトと私は三本の電線に吊った木の平板で、黒部川の急流を渡った。かなり時間がかかったが、けっこう楽しかった。

針ノ木峠に登る初めの部分が、何といっても一番つらかった。横尾谷から槍へ登る道の初めの部分を思いおこさせる。登山靴の下に草鞋を着けても、着けなくても心地悪く、この道には向いていない。出発のとき、私は岩場靴をはくつもりだったが、平蔵は深靴の方が最高だといった。そのため、私は最初の三、四時間、ものすごく苦しんだ。でも針ノ木沢の川床を離れ、峠に続く平坦な道に出ると、事態は好転した。私は一八九三年に下ったことがあるが、そのときに比べると、かなり改良されていた。

アトキンスン、「一時間のきつい登攀のあと、私たちは頂上に達した。黒部を出発してから、きっかり二時間四十五分だった」（アースリーズは四時間）。

ホワイトと人夫二人は、〔六月末に、E・E・スパイトがここを通過したとき、雪の急な斜面を下るのに時間がかかったことを、写真入りで生々しく『神戸クロニクル』に書いていた。ホワイトは、自分たちも遅れるのではと心配して〕どんどん先に進んだ。それで、私たちより半時間ほど先に頂上に着いた。私は二時十五分ころ着き、半時間を快適に過ごした。二十年前に高度計で観測したことがあったので、私は急がずにすんでよかった。頂上からの眺めは、かなりぼんやりとしていた。

「どこにも、私たちが雪に触れる場所はなかった」〔アトキンスンの記述を写したらしい〕。

下り〔二時四十五分〕は、しばらくの間大変急だった。しかし、雪があまりにもでこぼこだし、グリセードするほどの急斜面ではなかった。三時三十分ころ私たちはホワイトに追いつき、そのあと午後五時ころ野営に適した場所に着くまで、私たちはいっしょに極くゆっくり歩いた。川床の崩れた岩の左側に、広大な四角い平板状の岩があり、その一方が人間に避難所を提供するように、わずかに突き出ている。おまけに二十か三十ヤード向こうには、テントを張る棒をもたせ掛けるように傾けた炉まである。この前キャンプした人が置いていった、乾いた葉っぱなどを上手に活用した。すばらしいベッドができた。私たちは、雪渓から流れ出る氷のように冷たい水で洗い、煮炊きしてりっぱな夕食をとり、すばらしい夜を迎えた。はじめは暑かったが、早いうちから冷えこんだ。

八月八日　土曜日

あとは、今日中に思いこがれる大町に着けばよい旅なので、□□□〔判読不能〕して、このすてきな所をしぶしぶ出発したのは九時で、もはや暑くなっていた。

一八九三年に、反対方向からここを通ったが、まさに同月同日である〔その年、ウェストンは大町から針ノ木峠を越えた〕。

ときおり、左岸に密生する草木の中に入ってみたり、川の中を渡ったりしながら、厄介な川床をとぼとぼと下った。十時十五分に、私たちは丸石（マルイシ）橋と呼ばれる大きい岩のところにいた。ここで休んで、涼をとった。それから一時間少しすると、植林（ショクリン）に携わる八人から十人が住む小屋に着いた。ここで昼食をしながら、一時間を過ごした。

日中は暑くなり、私たちが野口に近づくにつれて、太陽がじりじりと照りつけた。午後三時、道の左側にある大きな神道（シントウ）神社を守るように立つ巨大な杉の蔭で、また一時間、休憩した。ついに大町に入ったのは、午後五時に近かった。旅で汚れた衣服や、暑い深靴から逃れてほっとした。そして、ゆったりと落ち着ける風呂の中へ。

ついていないことに、亇（対山館、アルプス・ホテル）は、会議に集まった大勢の学校の先生たちで、ごった返していた〔この日、大町中学校で信越連合教育会が開催された〕。今日はその最後の晩だった。彼らもご多分にもれず、真夜中過ぎまで食べたり、しゃべったり。午前四時にまた始まった。

ヨーロッパの戦争〔ドイツが宣戦を布告し、第一次世界大戦に発展する〕のニュースをたびたび聞いた。内容が一致しない。

八月九日　日曜日

ほんの少し眠れただけだった。先生たちがやっと出発してくれて、ほとんど空っぽになり、静かでさみしいくらいの所になったと聞いて、ほっとした。

料金を支払う段になって、人夫たちが土曜の晩、自分勝手に魚と酒を飲み食いした分が、私たちの費用に含まれているのに気がついた。給料を払ったとき、結構なチップも入れてあるので、これは納得できない。平蔵もほかの三人の人夫も、そのふるまいには遺憾なところが多すぎる。彼らは頑丈なだけで怠け者で、配慮がたりない。

私たちは、フランセスと私が去年使った四輪馬車で、午後四時三十分ころ大町を発った。日ざしはたいへん強烈だったが、西の山に沈むとドライヴは気持ちよかった。

午後六時四十五分ころ、明科館に到着した。本館の魅惑的な二階の部屋には、私たちだけしかいないのがわかった。私は自分で石炭酸〔当時、トイレの消臭に使った。ウェストンは持ち歩いたのだろう〕で首にひどい火傷をしてしまい、しばらくの間、大変な苦痛だった。旅館の世話はだらだらして、商売といえたものではない。ここは、今もってよい浴室がない。夜はものすごい騒ぎが続きっぱなしだった。

八月十日　月曜日

篠ノ井に向かう午前五時四十分の汽車に、ちょうど間に合った。篠ノ井で二時間以上も待たされ、軽井沢へ十一時三十八分に着いた。軽井沢ホテルへ行った。昼食のあとマクレーがやって来て、ヨーロッパの戦争について私に話した。

午後は、シュウェイブさん〔横浜の中村町五番地に居住〕といっしょに、四時十七分に伊香保（イカオ）から到着するフランセスを迎えに駅へ行った。彼女らはリー主教〔アーサー・リー。日本聖公会九州地方部主教。福岡から来ていた〕夫人のところ（三百十六番）〔軽井沢の別荘番号〕に滞在し、私はこの晩、軽井沢ホテルで過ごした。

八月十一日　火曜日

朝食などのあと三百十六番へ登って行き、昼食に招かれ、夕べの祈りをして宿に戻った。大変暑い。

読書と休息に当てた。実に暑い。B・F・Bに電話した。

八月十二日　水曜日

碓氷峠へ散歩した。そしてフランセスは尾崎（オザキ）司法大臣夫人〔大隈内閣の司法大臣、尾崎行雄の夫人テオドラ〕とおしゃべり。

テニスの試合を見て、上海から来ているホークス・ポット医師と話をした。台風が、午後十一時ころから一晩中激しく荒れた。

八月十三日　木曜日

台風がまだ続く。一晩中、ずっと眠れず、もう疲れ切った感じ。

八月十四日　金曜日

フランセスと私は昼食をとり、碓氷峠へ散策した。そして山稜を通って、道の上方でおやつにした。

それから矢（ヤ）ケ崎（セキ）山〔プロスペクト・ポイント〔プロスペクト・ポイントは見晴し台のことで、避暑の外国人が勝手に名づけたもの〕〕へ登って行った。途中でジョイントさん〔前年八月、上高地で会ったジョイントと推察される。上海から来ていた〕とCに会い、もう一度昼食をとった〔彼女が用意してきたもの〕。

パルピット・ロック〔説教壇の岩。矢ケ崎山の西にある竈岩(かまど)かと思われる〕まで下り、それに登った。ファーマシー・アイス〔薬屋の氷水〕に戻った。三百十六番で、早目のお茶。うるさい夜。

八月十五日　土曜日

リー主教夫妻と離山(ハナレヤマ)に行った。風景は曇っていた。軽井沢ホテルへ戻った。以前の部屋になった。よい夜。

八月十六日　日曜日

午前十時三十分、教会で朝の祈禱。ウォーク〔W・A・ウォーク〕〔八王子〕から興味ある説教。心からの礼拝。キャスリーン・ストールが昼食をいっしょにしに来た。

五時、夕べの祈り。連祈。ケリー神父〔ハーバート・ケリー〕。この日、英国教会で説話シリーズの三回目「現代主義」を話した〕が聖書と、最近の批判についての説教。示唆に富んだものだった。おやすみ。

八月十七日　月曜日

買い物など。午後二時十一分に、清蔵を加えて明科へ向けて発った。篠ノ井では、都合よく汽車があった。明科館に滞在した。夜中まで騒がしい。私が打った電報が、私たちよりあとから配達されてきた。

八月十八日　火曜日

午前六時二十五分に、有明村に向かって馬車で出発した。午前八時に到着。

人夫の契約でいざこざ。宮城まで二人、一里一円。宮城へ九時三十分に着いた。内山（ウチヤマ）〔宮城の有明講の行人宿。上手（わで）屋敷と呼ばれた本家と思われる〕の家で昼食をした。愛想がいい。手荷物はあとから運んでもらうことにして、私たちは十時に出発した。

注記。ドードーの像。有明山に最初に登攀。花崗岩の上にブロンズ。

有明村字新屋（アラヤ）、現金屋（ゲンキンヤ）にて。宮城への人夫。

一マイルほど先で、展望のすばらしいところ。切通シ（キリドオシ）、削ってある。花崗岩の山崩れがあった場所。たくさんの小さい案内板の最初のもの。「絶景。ここから中房温泉まで二里と三十六分の二十九」〔三十六町が一里であるための配慮らしい〕。

しばらくして谷が狭まり、道中ずっと日蔭になった。すばらしい眺めが続いた。一ノ瀬（イチノセ）で橋。「ここから中房温泉まで二里と三十六分の三」。十一時二十五分。

十一時四十分、一里と三十六分の二十九。右手上方に、有明山がよく見える。十二時三十分、「屏風曲リ（ビョウブマガリ）」。「かなたの、空の上に日本アルプスの山頂が見られる」。あちこちで、おいしい湧き水。十二時四十五分に、湯川（ユガワ）にかかる橋を渡り、信濃坂（シナノザカ）の小屋に登っていった。このあたりで一九一二年に私たちは休んだことがある。「ここから中房まで三十四町」。

午後一時、谷の向こう側の案内板に、「有明山の天狗岩（テングイワ）」と書いてあった。一時二十分、中房から十七町の、岩場の角から下を流れる急流のすばらしい眺め。非常に快適な歩行のあと、とうとう午後二時きっかりにゴールに着いた。

中房の標高（鵜殿）、千六百三十七メートル。

「オーベイタイン」を少し飲んだあと、新館にある何もかも魅力的に整備された、快適な風呂に入った。どれもが、熱烈な歓迎だった。四角の、全てが完備した風呂で、どんな温泉も足元にも及ばない。宿泊客五百人分が整っていて、繁忙期は五月と九月とのことだ。

私たちの荷物は午後七時三十分ころ到着した。ちょうど、私たちがすばらしい食事をし終ったところだった。その料金は、背中に載せた物一切（重さ約百四十ポンド）で一円四十銭だった。ほかの客も全く静かだった。若い人の中には少しにぎやかな人もいたが、よい夜を過ごした。蚤さえいなければ。

八月十九日　水曜日

すばらしい朝。フランセスは「魔法の製法のコーヒー」と、おいしいハムエッグを作った。百瀬さんと、興味深い話をした。この人はいつも温かく迎え入れ、全てに気を配ってくれる。温泉の湯は、源泉で二〇〇〔九三・三〕度である。しかし私たちの「特別浴室」に来ると、ほどよい温度になる。飲んでも、決して毒にはならない。それどころか、硫黄と炭酸の酸味のガスが健康促進を助けるし、「体内の器官」に効用がある。数日ここで過ごせるなら、心身ともに大いに癒されることになろう。近い将来、軽井沢やその他から大勢の人がやって来て、同じことをいうようになるのではあるまいか。

隣室の人は、百瀬さんの親戚らしいが、どうしようもないほど騒がしかった。絶望のあまり私はついに起きあがって、他人のことも少しは考えてほしいと頼んだ。そのとたん、すぐにぴたりと静かになった。

燕岳山頂（ウェストン撮影）

八月二十日　木曜日

午前四時三十分に起床、五時に朝食。百瀬さんが登山杖に焼き印を押して、私たちにくれた。

百瀬さんは、私たちの出発の準備をするのに手間どった。強力はもっとぐずぐずしていて、午前六時を過ぎても現れる気配がなかった。フランセスと私は二人だけで温泉を出発した。百瀬さんが、私たちの行く手を示してくれた。

一時間ほど、私たちは二人で何とか進んだ。フランセスも濁沢（ニゴリサワ）の石の多い川床をうまく登っていった。やがて、燕岳の主胸壁のたいへん険しい斜面に入った。朝は、空は澄んで晴れていたが、雲が周りの低い稜線に吹き上げるようになった。

さらに一時間くらいして、清蔵が私たちに追いついた。彼は、百瀬さんが忘れた卵を取りに戻っていたのであった。おまけに彼は人夫をせきたてたが、その苦労も実らなかった。そのため、別のパーティに同行していた快活な顔の強力に、私の小さなリュックサックを預け、その強力は、燕岳と大天井の間の主稜までそれを運んでくれた。主稜に、私たちは十時十五分に着いた（九千フィート近い）。

渦巻く雲の向こうに、ときどき槍ヶ岳がちらりと見えた。しかし、他の山頂はほとんど見えなかった。道々、鮮かな高山植物が私たちを楽しませた。山岳に雪は見られなかった。この夏の暑さが長く、強烈だったからだろう。よそでも、通常目にするほどの雪はなかった。

「一つのパーティが、中房から大天井経由で二ノ俣へのルートをたどっていたところ、草地で若葉を食べている熊に出会い、スナップ写真に撮ることができた。それで彼らは興奮し、大いによろこんだ。この話をするために、彼らは槍ヶ岳への登攀を取りやめ、急いで家路についた」。

私たちが一九一二年に見た、猟師の小さい避難所のあった場所〔燕岳の主稜〕で、三度目の朝食のために止まった。のろまな強力が到着し、「一服（イップク）」し、弁当を食べ、休憩するまで、私たちはやむなく休憩時間を延長した。その理由は、彼らの荷物の重さは別として、前夜のうちに彼らのご飯が準備されなかったので、それを炊いて持って出るまでに、何時間もかかったのだという（百瀬さんは人の世話をするときは早いが、不注意で遅れの原因を作るという、ちぐはぐな取りあわせがある）。

私たちは、午餐会の会場への距離がわずか二里と知らされたので、急いだり気をもんだりする必要がないと覚（さと）った。それで正午ころまで、ここを出発しなかった。

道は、ずっと稜線に沿って進む。東側よりも西側の方が草木が少なく、燕岳から大天井へ通じている。上がり下がりが頻繁だが、道の前半はそれほどきつくはなかった。小径は、ほとんどが実際の稜線の西側にあり、晴れていれば、槍ケ岳とその北に連なる堂々とした眺めが提供されたはずだ。それでも槍ケ岳だけは、雲の間から、ときおりぼんやりとみえた。

左手の花崗岩が切り立った岩山は、美しく立派だった。岩山を越えたり巻いたりして登っていく必要があったので、その場その場で見方が変わり、歩行も最高に楽しかった。やせ尾根の背まで、びっしり茂っているハイマツの中に、私たちは、ときどきコケモモを見つけた。白いリンドウは、ずっと旅の友だった。

大天井に近づくにつれ、稜線が両側に落ち込んで角度がますます急になる。何百フィートの高さを下ったり登ったりしなければならなかったが、三時三十分ころ、私たちはまさに山頂の足もとに着いた。切通シと呼ばれる、手におえないギャップが足もとに出現した。岩は険しく落ち、そして、山頂めざして一気に突き上げている。

私たちが最高点〔九千五百八十フィート〕〔大天井岳〕に到達したのは、四時十五分だった。そして、木でできた小さな祠の横に坐りこんだ。その脇には、測量官が置いていった角形の石〔柱石〕が残っていた。写真を撮ったり、食事のために少し休んだ。足もとにあるもの以外、何も見えなかった。

やがて私たちは、どこまでも続くむき出しの岩の上を、四十分かそこら下り、今夜泊る二ノ俣小屋〔東天井岳の手前の鞍部にあった〕に着いた。小屋は、岩と岩の間の長くて低い隙間に、側面には石を積み、上は約二〇×八フィートに土を盛って、屋根にしたものだった。元気をつける食事、スープ、ソーセージなどがすぐに並べられ、そして食べつくされた。

ベッドは、私たちの手荷物を並べた上にハイマツ、油紙、茣蓙で作った。私は、だれにも妨げられず眠るつもりだったが、どうも、災難から逃れることはできないらしい。

早朝、人夫は寒さを感じて起きだし、小屋の戸のそばで盛大に火を焚いた。

八月二十一日　金曜日

午前四時四十五分、起床。荘厳な朝。空には雲もなく穂高、槍ケ岳と、北から南西の稜線のみごとな眺め。

対照的に、足もとには、前にこの小屋に来た人たちの不潔な置き土産が散乱している。日本の二流人は家を離れると、なぜいつもこんなにだらしなく、ひどくしてしまうのか。

注記。以前、日本人パーティがここで熊の写真を撮り、うれしさのあまり登山の達成を放棄し、その話をするため、急いで家に戻ったとのこと。

午前六時に出発した。山稜を南に一時間以上伝い、大天井と常念岳の間にある稜線を越えて、中山峠（ナカヤマ）〔東天井岳から南南西の中山尾根。現在は廃道〕へ、もみの木などの森林の日蔭を通って下った。

八時に峠で休憩した。小屋（約八千八百フィート）からおよそ千フィート下ったところである。一（イチ）人夫は一時間ごとに数学的な規則正しさで止まり、休息と一服をした。まあ、いいだろう。一ノ沢（サワ）〔一ノ俣〕への下りは、道中で最も滑りやすい難所だから。でも、湧き出しているところで飲んだ、氷のように冷たい水がおいしかったから、かなり元気を回復したことだろう。そのあとの岩は崩れていて大変面倒だった。急流もしばしば行き止まりで、こちらからあちら側へ渡らねばならなかった。

いよいよ私たちは、午前九時三十分に二ノ俣に来た。そこは、川の右岸の赤沢岳（アカサワタケ）からの山崩れにより、四年前にできた美しい湖〔二ノ俣の池と呼ばれたが、数年後に決壊してなくなった〕の近くである。ここで、谷間が広く開けている。

この先一里で、梓川の本流に合流する。槍出合（デア）イと呼ばれ、赤沢小屋の南およそ一里にある。ここで、私たちは密生した笹の中に落としてしまったフランセスの日本山岳会のバッジをさがしたり、草鞋を着けるため小休止した。

ことによると二ノ俣は、梓川の主源流かも知れない。常念岳から見える槍沢との合流点に、カタマイワと呼ばれる岩があった。

午前十時に私たちは前進を開始した。この先は、私たちの予想していた以上にきついことがわかった。激流を頻繁に渡らなければならないし、「サワラ」と呼ばれる壊れた岩は、慎重に踏み越えて行かなければならなかった。

いよいよ私たちは十一時三十分、本流〔槍沢〕にたどり着いた。もう馴染みの地である。コーヒー（フランセスの魔法の製法で）、ガランティーヌ、ママレード、ビスケットを出して、到着を祝った。一九一二年に奮闘して槍ヶ岳の「新しい登攀」をしたあと、下山の途中この辺りで、三時ころ、ほっとしてココアを作った覚えがある。あのときは、この先進むのにひどく疲れていて、上高地に着いたのは午後十時を過ぎていた。

さて、歌をうたったりしてここで一時間近く休み、人夫はもう一度荷物をかつぎ上げた。

フランセスは驚くほど精力的に確実に歩いた。それには、清蔵たちもたびたび称賛の言葉をかけた。今や、登山をする人たちの数がどんどん増えたとみえて、川沿いの茂みの小径が、だんだんはっきりしてきているのに注目した。靴底の鋲の踏みあとがあちこちにたくさん見え、その現実を強調している。

梓川の左岸の上にある蝶ヶ岳の山頂近くで、数年前、□□□〔記入がない〕という近隣の村人の遺体が見つかった。彼は評判の悪人で、その悪行にとうとう耐えられなくなり、彼は自分の出生証明書を与えられ、「追放」を申し渡された。これはへんぴな地方では通常の手続きだったという。そこでは法を執行する者がいないので、村人が結束して、どうしても立ち直る見込みのない人や、他人とうまくやっていけない人を排斥するなど、警察の役目も果たしたのだという。

そんなことで午後は時が進み、午後四時十五分に全く突然に徳本小屋が現れるころには、草鞋は脱いでいた。ここで小休止をしたあと、一時間もしない五時三十分に、私たちは上高地の家の人から歓迎を受けていた。

しかし、そのほんの少し前、ちょうど私たちが河童橋（カッパバシ）に近づいているころ、大きな二階建ての日本旅館ができている光景が目に入り、私たちはびっくりした。私たちの古くからの友人である加藤惣吉の、松本の競争相手（すなわち養老館（ヨウロウカン））〔松本駅前の宿屋・養老館が翌年開業する。主人は井口良一。のちの五千尺旅館〕によって、現在建築中とのことだ。それは、必ず手ごわい相手になるはずである。位置は槍ヶ岳や徳本峠や穂高の麓に半マイルは近くて、地の利を得ており、雄大な白沢渓谷のすばらしい眺めを見渡している。

温泉の湯は直接引きこまれている。宿泊施設はおそらくもっと良く、もっと清潔になることだろう。こういう状態だと、上高地温泉の位置は限定されてしまって、悲しい限りである。

私たちは、到着したらすぐに入浴の恩恵に与かろうとしたが、日本人画家がまたこの場に不作法にはびこっていたので、すぐに楽しむことができなかった。彼は、この風呂は男性用であって女性用ではないとかいって、私たちを締め出そうとし、自分がスケッチに使用した絵筆の束を洗い終るまで動かない、といい張った。加藤さんを呼んで来て、画家に強く抗議してもらったが、加藤さんはついには彼を「連れ出して」行った。品のないひげ面で、ぶっきらぼうなやつ。このての人種は、しばしば見かける。

新鮮な鱒の焼き物と、各種の「付き出し」でおいしい夕食。続いて午後九時あたりから四時まで、きっちりと眠った。

注記。温泉場の湿気、みんなが好きな吟唱と鼻歌。参照。L・ハーン〔ラフカディオ・ハーン〕『日本の小鳥のさえずり』。

参照。ベーコンさん、三十四頁、『日本事物誌』の「音楽」〔B・H・チェンバレンの『日本事物誌』の音楽の項にアリス・メイベル・ベーコンからの引用がある〕。

〔八月二十二日　土曜日〕

いつもこの時間になると、階下のパーティが騒がしくなり、清蔵が七時三十分に起こしに来たというのも聞こえなかった。でも結局、清蔵が朝食を運んできたのは、八時三十分だった。そのときになって、私たちはようやく起き出した。朝の騒がしさで中断された分を除いても、十一時間近く眠った。私の個人的な経験では、こんなことは類のない出来事であった。

何ともよろこばしくも、ゆったりとした一日が続いた。温泉が空っぽというのも、なおさらありがたかった。ここにいるのは外国人一人〔松本からの感じのいいフランス人司祭〔ドルワール・ド・レゼー。北岳にも登ったらしいが、互いに相手の登山歴は知らなかった。昭和五年、レゼーの病床を皇太后殿下がお見舞になった〕と十人ほどの日本人だけだった。日本人のほとんどは、一日中登攀に出はらっていた。

八月二十三日　日曜日

早朝はかなり霧が深く、のちには最高に輝かしい日になったが、午後はすっかり曇ってしまい、雨が降りはじめた。ちょうど一年前にも、同じことがあった。私たちは白骨経由で行くのを見合わせて、直接島々に下った。今もう一度、同じことをやれと迫られているようだった。私たちは十一時に、皆で朝の礼拝を執り行ない、遠く離れた地で同じことをしている友人を思い浮かべた。

午後のお茶のあと、私たちは焼岳の方へ散歩して下った。すばらしい鱒が、今日また各自に出された。例のごとく蚤たちが悪事を働き、そのため、この夜は眠れなかった。夜中じゅう雨が激しかった。

加藤は、登山杖に焼き印を押してくれた。

八月二十四日　月曜日

四時五十分に、清蔵が私たちを起こしにきたときには、まだ雨が降り続いていた。朝食を六時まで延ばした。朝食にはおいしい鱒と卵焼きが、それぞれに出された。

雨が止んだので、私たちは出発することに決めた。七時三十分に、上高地へ最後のさよならをいった。

白骨温泉への道は、安房峠の頂上から八百フィートほど低い地点で、峠への道に合流するものだった。合流点（上高地から約六百フィート上）までは、二里といわれる。私たちは、九時四十分にそこに着いた。そこで左に折れ、以前、何回も通った道を進んだ〔一八九四年に通った〕。梓川の谷底を行く白骨への近道は、上がり下がりが急なため、使われなくなり、今では、この遠巻きにくねった道が使われる。

近道は上高地より五百フィート上に登ったり、あるときは、上高地よりもっと低く下ったりする。全体的にずっと日蔭で、十度かそこらの起伏で地面を削ってつけた足場を登っていくだけ、というところもある。十時十分から十時三十分に、私たちは中間点、二里半といわれる場所で昼食のため留まった。

すぐあと雨になった。初めのうち、私たちは高い木で雨から守られていたが、進むにつれ、それでは不十分でずぶ濡れになった。小径はほとんど登り坂で、育ち放題の草と低い植物だらけだった。十時五十分に、小径は大野川方面へ左に折れた。十一時十分、私たちは登りの頂上（上高地より約六百フィートか少し高い、三千六百フィートかそのくらい）へ着き、それからはずっと下りになった。

小径は今や川の中を進むことになり、私たちの靴の釘は何ともなかったが、清蔵と常（ツネ）（去年穂高へ登ったときの、私たちの愉快な若い強力）は、どちらも、草鞋のために難儀していた。

十二時三十分に、私たちは「底」に達した。すぐ上が何軒かの小屋がある地点で、標柱に「左、松本へ。右、白骨へ三十町」と書かれていた。ここで私たちは、異様ないでたちの愉快な人に会った。自分は仙人（センニン）（山岳居住者）〔乗鞍仙人と名乗った行者・板殿正太郎で、夏の間、乗鞍岳の山頂の石室に住んでいた〕で、乗鞍に登っていくところだといった。

前記の、私たちの一番低い地点の、橋がなくて歩いて渡った川床から、一時十五分に、底にある白骨を見下ろす鞍部の頂上に着くまで、私たちは七百フィートかそこらを登りつめに登った。一時三十分には、白骨温泉で歓迎を受けていた。

白骨温泉は、三百年前の元禄（ゲンロク）の年号のとき、現所有者の斉藤志津馬（サイトウシヅマ）の先祖である斉藤孫左衛門（モンザエモン）によって開業された。ここから乗鞍の山頂へは四里で、室堂にはふだん管理人がいる。斉藤は内務省（ナイムショウ）の技師（ギシ）「衣笠豊（キヌカサユタカ）」から、ここにはラジウムがあると聞いたという。斉藤は、登山杖に焼き印を押してくれた。

白骨の標高は千四百五十メートル。温泉は〔平湯のものと同じく〕カルシウム硫化物を含んでいる。温度は、白骨で一二八〔五三・三〕度。

八月二十五日　火曜日

天候が優れない。朝食、午前六時。七時十分に出発した（初めは霧雨が降ったり止んだりしたが、やがてすっかり晴れた）。

大野川経由の道は七里といわれるが、道はよく、「崖（ガケ）」に直行する。六里。すぐに、すばらしい眺めが不気味な山峡「鬼ケ城（オニジョウ）」の滝に突入する。ガシュターレンタール〔スイスのバルムホルンの近くにある〕の崖に似ている。登り下り。八時三十分。ここから平湯峠へ、水たまりの道が突き進む。白骨から一里半といわれる沢渡（サワノド）茶屋。梓川を橋で渡ると霞沢へ一里、さらに二里で霞岳の頂上へ行く道（林道（リンドウ））。

崩れた道が興味深い。すばらしい川が見える。ロマンティックな美しさと見事さで、私が以前訪れたときより印象的だった。午前十時、大野川を橋で渡り、道（右）は大野川へ半里。牛たち。十一時十五分、奈川渡（ナガワド）、ナガウドではない。

この道からの近間の眺めは、どこよりも最高に絵のように美しかった。

奈川へ行く道の、ロマンティックな地点（右に高い崖）の橋のそばに、申し分ない茶屋。この道は、野麦峠（右）に通じる（最初の村は奈川村）。ここから大野川へは一里二十五町。すばらしい午後（注記、干した鱒）。茶をいれたりした。道が今では広くなり、よくなっている。十二時に出発した。四年前、道路建設のとき崖崩れ（三、四メートル）で全滅した多くの労働者のための慰霊碑。さらに道は木材の切り出しのため、急激にまがって大白川へ登っていく。

注記。道ばたの田舎家にはほとんど、そこから少し離れた所に、屋根でおおった風呂がある。

五領沢の近くで（稲核から二十六町）、ダービーデールかマットロック〔ウェストンの故郷、ダービーの北二十五キロにある〕を思わせる壮大な崖が、梓川の右岸に大規模に突出していた。氷沢のすぐ手前（稲核へ半里）で、小径は水殿川の方向へ川床を渡った。これを行くと三里か四里で徳本峠に達することができる。

K〔稲核の誤記らしい〕には蚕の孵化を遅らせるための、たくさんの「風穴」があった。稲核。汚物と闘う長い道。午後一時十五分、馬車。長い橋（穴）。

明ケ平の近くで、冷たい、すきとおった泉、島々へ半里。明日の松本から大月への汽車で飲用にしようと補充した。

午後二時十分、島々、絵のように美しい雑炊橋に近づいた（白骨より二千百フィート低い）。新しくすばらしい学校が、村に入るとすぐ左に建っている。午前十時から、四輪馬車が待っていたとのこと。おそらくは、東京で「お払い箱」になった物。清水屋でお茶など。三時二十分に出発した。私たち三人と荷物が、まさに楽にぴったり収まった。

松本、午後五時五十分。注記、馬に乗ってきた兵士が、私たちはドイツ人かと宿の主人に尋ねた。ドイツ人だとしたら、私たちの面倒を見るよう命令されているのだと。それが警戒なのか、保護なのか。養老館、よい部屋。注意、風呂場。

眠れない夜。犬、汽車、姐(ネエ)サンと呼ぶ声、蚤、蚊、臭い、薪割りの音など。

松本、白骨より二千五百フィート低い。

注意――外国人に対する接し方、行動に関する警察署指針。

八月二十六日　水曜日

五時四十五分に起床。六時に朝食。おいしいりんごとバナナが出た。荷物をカーナウ〔クライスト・チャーチから四軒先にあった、カーナウ商会らしい〕気付で、それを山手二三四〔横浜山手二三四番地にはクライスト・チャーチがあり、ウェストンはその牧師館に居住した〕に回すよう、言付けて発送した。

七時に大月経由で、吉田（ヨシダ）に向けて発った。旅は結構心地よかったが、いつものように、いっしょの何人かの乗客の行儀にはむかついた。「たん壺」をさがしていざこざは起こすし、ある人は、床にぶどうの皮を山のようにはき出して汚すし、またある人は洗面器をたん壺に使い、それを洗い流さないから、次の人が使えないなど。

大月で私たちは、間もなく、午後二時五十分に一頭立て鉄道馬車に乗り換えて出発した。初めはそうは見えなかったが、さまざまな移り変わりと、うっとりする風景の中を進み、午後六時ころ大月〔吉田が正しい〕に到着した。私たちは村の長い街路を登っていくのに、特別な思いを味わった。

今宵の富士の女神の祝い〔吉田の火祭。毎年八月二十六日の富士山の閉山の日に催される〕は、全てが混乱と興奮のるつぼの中にあった。中央に桜の木を配し、巨大なかがり火を燃やし、暗闇に浮かび上がるよう大きな電灯で富士を形どり、浅間様（センゲンサマ）の大規模な祭が進行中だった。

私たちは、十年か十一年前に滞在したことのある刑部（オサカベ）〔上吉田二二三番地にある刑部旅館。当時の主人は刑部芳平。ウェストンは一九〇四年〈明治三十七年〉に吉田から富士登山をした〕で、丁重な出迎えを受けた。魅力的な部屋と、行き届いた心づかい。近くの神社で真夜中近くまで太鼓が強打され、眠ることなど到底できなかった。かがり火は、強風のため警戒に当たっていた警察官によって素早く消された。

八月二十七日　木曜日

『日本旅行案内』旧版によれば、吉田は高度二千六百五十フィート。

六時三十分に起床、晴れ。暑い。清蔵と強力を伴って二頭の馬で、富士、小御岳（コミタケ）へ出発した。写真屋をやっているという客が、「記念（キネン）スル」ため私たちの写真を撮りたいといってきた。馬に乗り、九時十分に五合目に向けて出発。しばらくの間、木が見事。そのあと、中（ナカ）ノ茶屋（チャヤ）に十時十分（吉田から九百フィート上）に着くまでは、かんかん照り。一里六町（三千五百五十フィート）。中ノ茶屋を十時二十五分に出発し、大石（オオイシ）茶屋到着、十時五十分。千五百フィート（吉田からの高さ、以下同じ）。午前十一時出発。馬返（ウマガエ）シ着、十一時二十分。二千百フィート。

馬返しには、下る人のため平底そりがたくさんある。道は褒めたいくらいだが、日蔭がない。二合四勺で杖に焼き印を押した。（焼き印する人によると）ここがまさに「神の領域」だからだという。美しい森林の地。

十一時四十五分、三合目着。吉田から二里半。吉田の上、三千四百フィート。十二時三十分まで昼食。

三合目には、大きくて細長い休息所。山中（ヤマナカ）湖や船津を望む。昼食はビスケットとジャムだった。午後一時、三合目を出発した。道は次第に険しく、溶岩の上を進む。

一時四十五分、五合目に到着（曇り）、吉田の上四千フィート。五合目は七千三百フィートか？　二時、五合目を出発。靄（もや）がかかる。大きい四角いポスト、一九一四年六月二十四日と表示〔この年の、ポストの開設日かと思われる〕。

二時二十五分、経ケ岳（キョウタケ）、ヒョーバ（祈禱堂）。ここで日蓮が身延の□□□〔判読不能〕として、神降ろしなどをとり行なった。ＴＡＲ調整、七千八百フィート。注意、高すぎるようだ。

六合目、二時四十五分。ＴＡＲは八千六百フィート。七千七百十フィートでは？　午後三時、出発。

六合六勺、九千五百フィート。三時四十五分到着。四時五分出発。

七合目に到着、四時三十分。一万百フィート。出発、四時三十五分。七合目、九千二百フィート。

七合と五分の三勺、午後五時。一万七百フィート。五時十五分に出発。七合五分の三勺は一万四百フィート。

八合目、午後六時、一万九百九十フィート。八合目、一万一千百フィート。雲が、言葉でいい表せないほどの美しさ。遥かかなたに、東京や横浜の明りが見えた。右手の空に富士の影。スープと豚肉、大豆などで調理した。厚い布団があり、何とも心地よい寝床（料金は一晩一円五十銭）。しばらくたって、ぐっすりと眠れた。

八月二十八日　金曜日

午前四時ちょっと過ぎに起床。夜明けがゆっくりと広がる。何ともすばらしく、すてきだ。雲はうねった海で、八ケ岳は島だ。

コーヒーとソーセージのあと、六時に出発した。そして十合目に出た。八合目の上、千二百フィート。午前六時五十五分。ぐるっと歩いて、金明水（キンメイスイ）を経て剣（ケン）ケ峰（ミネ）の頂へ登った。すぐに、廃墟となった野中（ノナカ）の小屋〔野中至。富士山頂の浅間神社のそばに、明治二十八年に気象観測の小屋を建て、冬季の観測をした〕。

参照。ディキンズ〔フレデリック・V・ディキンズ。明治十年七月、富士登山をした〕、五十四。山頂についての現地の記述。

遠くに、甲州の山々や槍などの展望。浅間神社でココアを作った。郵便局（！）で、葉書を投函した。強風、かすんだ眺望。十合目で、ウェッブ〔アルフレッド・E・ウェッブ。明治三十八年に、ウェストンが横浜聖アンデレ教会から帰国したときの後任牧師。登山歴が多い〕と三人のかわいい日本人少女に出会った。九時五十分から十時五分で、八合目に下った。

八合目出発、〔午前〕六時十分（『日本旅行案内』で一万九百九十フィート）。

九合目到着、六時四十分。八合目より上、八百五十フィート（『日本旅行案内』で六百五十フィート）。

九合目出発、六時五十分。

十合目到着、七時十分。九合目より上、『日本旅行案内』で四百七十フィート。

剣ヶ峰到着、七時五十分。郵便局のそばの浅間神社で食事。

十合目出発、九時五十分。

八合目到着、十時五分。

午前十一時四十五分に、八合目を出発した。砂走りの楽な下り。須走（スバシリ）六合目と合流した。九千八百フィート（『日本旅行案内』）。管理人が私に、二年前に建てた新しい部屋（それに、独立した便所）を視察してくれるよう、執拗に求めた。十二時十五分から十二時二十五分。

午後一時五分に、六合目、中畑（ナカバタ）ルート〔御殿場口からの中畑新道、明治十六年に開かれた〕で。九千六百八十フィート。一時二十分に発った。次第に風が強くなる。宝永山（ホウエイザン）を通り過ぎ、大宮（オオミヤ）（村山（ムラヤマ））ルート〔現在の登山路とは異なった〕を四合目へと下った。

私たちが窪地へ下ったとき風が強くなり、四合目に到着すると、私たちは五合目の小屋も、大沢（オオサワ）にある次の小屋も、小屋の主が大宮口の祭にでかけて閉店だと伝えられたが、四合目の小屋の主人は一番感じが悪く、同じ屋根のもとで夜を過ごすのはごめんだった。

それで、私たちは二合目まで下った。ここで丁重に迎えられたが、何か言い訳めいていた。実は、最近どろぼうがこの小屋に入り、障子や窓ガラスを持ち去ってしまったので、代わりに、かわいい木綿のカーテンを張ってあったのだった。そのカーテンは、夜中に台風が襲ってくるまでは、全て順調だった。台風は二十四時間以上も絶え間なく激しく襲いかかった。

注記。絵葉書に「富士山表通り、茗荷岳の二番目によい休息所」。

八月二十九日　土曜日

早く出ても、土曜日の晩までに三島（ミシマ）峠を徒歩で越えて、箱根まで着くことなど問題外であった。

それでも十時三十分に、私たちはだめでもともとと思って、先へ進むことにした。私は初めて、レインコートの上に巡礼者が使う莫蓙の雨具を試してみたが、なかなかの物だった。道には水が流れ、小さい水たまりに変わっていた。激しい雨の中では、コウモリなど全く無力だった。

大宮に着いたのは二時三十分であった。都合のいいことに、茶屋で濡れた衣類を着替えることができた。卵酒を飲んだ。

参照。『日本旅行案内』旧版、富士浅間神社での桜の木など。

さっぱりした気分で、三時三十八分の御殿場（ゴテンバ）行きの汽車を捕まえた。フジイケ〔現在の富士駅と思われる〕で乗り換えて、やっと沼津（ヌマヅ）に着いた。ここで私たちは、東海道（トウカイドウ）は御殿場の先がひどい被害を受けたと聞いた。私たちは駅のそばの宿屋でお茶を飲んで何時間か待ったあと、何とか三島まで乗って行くことができた。まだ強い嵐。

土曜日の夜。私たちは駅に隣接した宿屋〔三島駅は、現在と違い下土狩にあった。宿泊は本多か岩本屋のどちらかと思われるが、確認できない〕に泊り、暖をとった。夏、海辺の日本宿で夜を過ごし、蚤にも蚊にも悩まされなかったのは、私の記憶の中では初めてのことだった。

猛烈な暴風雨もおさまり、まことにぐっすり眠れた夜だった。しかし、ずぶ濡れの大地に陽がきらきらと輝きはじめたのは、午前九時三十分になってからだった。

参照。一九一七年十月一日の台風についての記述（『ジャパン・ガゼット』）〔十月四日号に記事がある」。

千五百人死亡。行方不明多数。三万六千戸以上が全、半壊。千七百四十七艘の船舶や小舟が流失（九百四十艘は千葉県）。千葉（チバ）、浦安（ウラヤス）の先にある当代島（トダジマ）は、住民三百人以上もろとも丸ごと流失し、その結果、地図から抹消されることになろう。『日日（ニチニチ）新聞』。

被害総額、三千万ドル。

『日本雑誌』一九一七年十二月の記事。四十万戸近くが全、半壊し、漁船の九十パーセントに当たる二千艘以上が流失。東京市の家屋損害は七百万以上。不当利益をむさぼった者は、法により逮捕されたり処罰された。嵐の中で、千葉県で体長およそ二十フィートの子鯨六頭が、陸に打ち上げられた。

八月三十日　日曜日

私たちは進んだ。東海道から三島峠への（さらに箱根へ通じる）道に出る橋で、最終のチェックをしたが、川の氾濫で破壊されているのがわかった。このため、私たちは五マイルもの遠回りを余儀なくされた。それさえ、倒れた木や崩れた土砂などで、道路はあちこちさえぎられていた。

道ばたの粗末な茶屋でお茶を飲み、私たちは東海道に出たが、石で舗装された道は反って滑りやすかった。峠の頂上に達し、後方に遠く伊豆半島や周辺の海が見えたときは、うれしかった。

箱根では、松坂屋〔元箱根にある旅館。当時、外国人も多く宿泊した〕でお茶を飲み、午後六時には、いよいよ旅の最後の段階に入っていった。

道路はものすごく被害を受け、芦ノ湯に行く手前はとくにひどかった。私たちはさらに歩を進めるため、松坂屋に留まって人夫がランタンを持ってくるのを待った。道々、障害だらけで、私たちは芦ノ湯に留まらなければならないか、とも考えた。私たちは月明りと私の懐中電灯で、さらには、道ばたの茶屋の主人が運んでくれた提灯の明りを頼りに、強引に進んだ。あちらこちらに、修理が必要なほど大変な被害を受けているのが見受けられた。その道の面はどこもかしこも、自動車など通れないほど崩れていた。

小涌谷では、親切にも山口氏〔宮ノ下の富士屋ホテルの主人、山口正造。ウェストンが明治三十七年などに泊った、日光金谷ホテルの金谷善一郎の次男〕がさし向けた人夫がランタンを持っていた。人夫といっしょに、無事に宮ノ下へくだれた。さっぱりした部屋が準備されていて、軽井沢からのスーツケースも着いていた。楽しく雑談し、軽い夕食をとり、きれいなベッドでぐっすり眠った。いつにも増して、驚くほど爽快に眠れた。

八月三十一日　月曜日

朝食は部屋でとった。久しぶりに、何もしないで一日を過ごした。

九月一日　火曜日

清蔵が六時三十分に出ていった。行ってしまうのが残念だった。私たちは休息したり、読み書きしたり、友人と話したりしただけだった。気賀(キガ)の近くの村へ登っていく道へ、被害状況を見に行ったりもした。

九月二日　水曜日

午前五時四十五分に起床、六時四十五分に朝食。七時十五分には、私たちは箱根へ行く道を歩いていた。一時間五十分、よく歩いて湖水のそばにやって来た。そこでりんごを食べながら、半時間休んだ。

（休憩をはさんで）一時間半後に私たちは引き返し、さわやかな入浴、昼食と充実した時間を過ごした。輝くほどの晴天で、暑くて湿気が高い。□□□〔判読不能〕は八〇〔二六・七〕度を超えた。

行程表

ホリデイ・ツアー（一八九四年、明治二十七年）

七月一六日―七月一九日　神戸―東京―直江津―糸魚川
七月二〇日―七月二四日　糸魚川―山之坊―白馬岳―下里瀬
七月二五日―七月二九日　下里瀬―大町―松本
七月三〇日―八月　二日　松本―安房峠―平湯―蒲田―笠ヶ岳―中尾
八月　三日―八月　五日　中尾―上高地―松本
八月　六日―八月　九日　松本―岩原―常念岳―松本
八月一〇日―八月一五日　松本―木曾福島―御嶽山―木曾福島
八月一六日　木曾福島―権兵衛峠―伊那
八月一七日―八月二四日　伊那―金沢―甲府―身延―岩淵―箱根

朝鮮への旅（一八九四年、明治二十七年）

一〇月一日―一〇月　七日　神戸―長崎―対馬―釜山―仁川
一〇月八日―一〇月一〇日　仁川―釜山

妙義山、燕岳、槍ヶ岳、奥穂高岳（一九一二年、大正元年）

八月　六日―八月　七日　横浜―妙義―妙義山―軽井沢
八月　八日―八月一一日　軽井沢―神津牧場―軽井沢
八月一二日―八月一三日　軽井沢―宮城―中房温泉
八月一四日―八月一六日　中房温泉―有明山―燕岳―中房温泉―松本
八月一七日―八月一八日　松本―島々
八月一九日―八月二三日　島々―徳本峠―槍ヶ岳―上高地
八月二四日―八月二五日　上高地―奥穂高岳―上高地
八月二六日―八月二七日　上高地―松本―軽井沢

九月　四日―九月　六日　軽井沢―妙義山―軽井沢
九月　七日―九月一〇日　軽井沢―松本―台ヶ原―韮崎

槍ヶ岳、焼岳、奥穂高岳、白馬岳（一九一三年、大正二年）

八月　四日―八月　六日　横浜―松本―徳本峠―上高地
八月　七日―八月一四日　上高地―槍ヶ岳―上高地
八月一五日―八月一八日　上高地―焼岳―上高地
八月一九日―八月二二日　上高地―安房峠―平湯―蒲田―中尾―上高地
八月二三日―八月二五日　上高地―焼岳―上高地
八月二六日―八月二八日　上高地―霞沢岳―上高地
八月二九日―八月三〇日　上高地―奥穂高岳―上高地
八月三一日　上高地―徳本峠―松本―明科
九月　一日―九月　三日　明科―四ッ家―白馬岳―四ッ家
九月　四日―九月　五日　四ッ家―明科―軽井沢

北日本アルプス、富士（一九一四年、大正三年）

七月二七日—七月二八日　横浜—直江津—滑川—五百石—芦峅寺
七月二九日—八月　二日　芦峅寺—室堂—立山—室堂
八月　三日—八月　五日　室堂—立山温泉
八月　六日—八月　八日　立山温泉—ザラ峠—黒部—針ノ木峠—大町
八月　九日—八月一三日　大町—明科—軽井沢
八月一四日—八月一六日　軽井沢—矢ヶ崎山—軽井沢
八月一七日—八月一九日　軽井沢—明科—中房温泉
八月二〇日—八月二一日　中房温泉—燕岳—大天井岳—槍沢—上高地
八月二二日—八月二五日　上高地—白骨温泉—松本
八月二六日—九月　二日　松本—大月—吉田—富士山—大宮—箱根

訳者あとがき

ウェストン師の生涯については数多くの発表があるので、ここで詳細には触れないが、概要を説明すると次のようになる。

一八六一年（文久元年）に英国のダービーで出生し、一八八三年にケンブリッジ大学クレア・カレッジを卒業した。牧師として母国では、バークシャーのレディングにある聖ジョン・聖スティーヴン教区教会（一八八五年に就任）、ロンドンの海員協会（一八九五年）、ウィンブルドンのクライスト・チャーチ（一八九七年）、サリーのユーウェルの聖メアリー教区教会（一九〇六年）に奉職した。

王立地学協会（一八九二年に入会）、アルパイン・クラブ（同一八九三年）、ロンドン日本協会（同一九〇七年）に所属し、それぞれの評議員にも推されている。オールド・ダービアン協会では会長も歴任する。一九一七年には王立地学協会からバック・グラントを受賞した。

日本には三回滞在した。最初は英国に本部のあるCMS（教会伝道協会）から派遣され、滞日は一八八八年（明治二十一年）から一八九四年（明治二十七年）まで。日本聖公会に加盟して熊本での宣教師のあと、神戸ユニオン・プロテスタント教会でチャプレンを務めた。二回目はSPG（福音宣布協会）からで、一九〇二年（明治三十五年）から一九〇五年（明治三十八年）まで横浜聖アンデレ教会の牧師を務めた。三回目には、一九一一年（明治四十四年）から一九一五年（大正四年）の年初まで、横浜クライスト・チャーチの牧師の職にあった。通算すると、実質十二年半を日本で過ごしたことになる。その間、日本アジア協会では評議員を務め、短期間ではあるが東京地学協会の会員でもあった。さらに横浜文芸音楽協会での活躍も目につく。

二度目に帰国するさいに、ウェストンは小島烏水などに山岳会の設立を勧め、日本にも山岳会が発足した。後年、日本山岳会はウェストンを名誉会員とする。

一九二六年（大正十五年）には、秩父宮雍仁（やすひと）親王のスイスご登山に現地で協力し、一九三七年（昭和十二年）に日本から勲四等瑞宝章を授かる。一九四〇年（昭和十五年）にロンドンで死去。日本にも北アルプスの上高地など、各地に顕彰碑がある。

ウェストンはスイスでの登山も豊富であるが、日本では南北アルプスはもちろん、九州の山々をはじめ、八ケ岳、妙高山、戸隠山、金峰山、妙義山、浅間山、日光男体山などにも足跡がある。富士山には七回登った。国内の山岳で、外国人初登頂の記録も多い。

自身の登山については、英国の所属クラブで講演したり、会誌に発表された。また日本でも、主として当時の英字紙に掲載されている。その原稿は一部が改訂されて、のちにロンドンのジョン・マリー社から二冊の書物に収められた。『日本アルプスの登山と探検』（*Mountaineering and Exploration in the Japanese Alps*）と、『極東の遊歩場』（*The Playground of the Far East*）である。ウェストンには、ほかに日本に関する二著がある。

それらの発表の原点ともなった登山日記四冊は、ウェストンの没後、スイスでの登山で長年の友人であるT・A・ランボールドのもとに委ねられ、それから二年後に、同氏からアルパイン・クラブに寄贈された。この経緯はウェストン研究家である川村宏氏から教えられた。

一九八四年に、アルパイン・クラブへウェストンに関する資料を照会したところ、名誉書記のB・ロウフォード氏から日記を保管しているとの返事とともに、資料保存のため電子式コピーは不許可との連絡があった。ときのアルパイン・クラブ会長チョーリー卿に懇願して、今回限りの複写の特別許可を得た。コピーは、長野県南安曇郡堀金村の一志信一郎氏の労による。アルパイン・クラブからは、再コピーを禁ずという条件がついた。ここにウェストンの日記が発表できるのは、チョーリー卿とロウフォード氏からいただいた最高の厚意があればこそと、感謝に堪えない。今回の出版許可についても、ロウフォード氏の配慮を受けた。

日記の大きさは一八九四年（明治二十七年）が約一〇×一五センチメートルで、ほかは約八×一一センチメートルであり、いわゆるポケット・ノートである。日記のうち、一八九四年は第一回滞在時で、残り三冊が第三回滞在のすべての登山を記録している。しかし、一九一三年には妙義山の白雲山にも登ったはずだが、それは記録されていない。ジェイムズ・ブライスか、ダグラス・W・フレッシュフィールドに同行したときと推定される。

ウェストンによると、東京帝国大学教授のバジル・ホール・チェンバレンから、山行について記録を残すようにと助言されたという。チェンバレンは『日本旅行案内』の発行に携わり、同書の改訂版の中に、ウェストンの記録も採用される。年齢は違ったが、お互いに尊敬し合っていた形跡がある。

一八九四年にウェストンとずっと一緒だった浦口文治は、それから四十年後に、日本山岳会で『ウェストンと歩んだ頃の思ひ出』を講演する。

その中に、「一つの山の頂へ来ると、直ぐに出したのがあのアネロイド・バロメタア。この気圧計で、そこの高度をはかる。それで満足しないと、人夫にかつがせた荷物の中から取り出すのはモレキュラア・バロメタア。今頃は手頃なのが出来てゐるでせうが、その頃のはまだ随分億劫なもの。その大層なので観測を始める。その委細を一々ノートにとる」というくだりがある。このノートが登山日記であり、その年の記録に、気温や高度が二重に記されているのは、

ウェストンのフィールド・ノート

気圧計を二台持っていったためである。

日記は、途中で休憩したときなどの走り書きらしく、文字がまことに判読しにくい。当然のことながら、他人に読ませることなど考慮に入れたものではない。まして、ウェストンは悪筆であった。

山中での記述に地名が少ないのは、まだ固有名詞の少ない時代であり、致し方がないところである。また、著書には出てこない、本音の厳しい意見も随処に汲み取れる。それほどまでに、ウェストンが真剣に日本を見つめていたことになる。それから備忘録については、発表原稿などのために折々の所見や、見聞を書きこんだものであろう。このうち、かなりの部分が母国での講演に用いられ、著作の中にも含まれる。それゆえ、不明があっても割愛せず、できるだけ訳すよう努めた。

ウェストンは加藤惣吉をはじめ、何回か登山を案内した上条嘉門次、根本清蔵などの登攀技術や人柄に、多大な信頼を寄せていた。それに旅行のおり世話になった人たちには、帰宅後に几帳面に写真を送ったようで、清蔵や笠ヶ岳のときの案内人、有明山神社の神主には届いている。

帰国後にウェストンの自宅を訪れて、交友がはじまった登山家の槇有恒や松方三郎とも、長く友情を結んだ。英国ご留学中の秩父宮がマッターホルンご登山を最初に相談したのがウェストンで、のちのご訪英のとき、望んでいたウェストンとの再会を果たされた。

ウェストンは親日家としても知られ、英国内をまわっての「日本と日本人」などについての講演活動は、じつに三十数年に及んでいる。遠くは、スコットランドのアバディーンにも足を運んだ。ウェストンを日本びいきにさせた要因としては、嘉門次と清蔵の存在が大きいだろう。

三井嘉雄

一九九四年十月

解説——ウェストンの登山をもう一度

服部文祥

百年くらい前の装備そのままで、百年くらい前におこなわれた登山をいくつか再現してみたことがある。ウェストンの登山では、横尾谷から槍ヶ岳、前穂高岳の第二登、奥穂高岳南稜の初登攀、そしてオベリスクの登攀を当時の装備で追体験した。

そんな登山をコスプレ登山と（ちょっとふざけて）呼んでいる。はじめたきっかけはサバイバル登山だった。簡潔に、順を追って説明したい（それでも少し長くなる）。

まず、サバイバル登山はその思想の柱が、フリークライミングの影響を受けている。フリークライミングの元になった近代登山は、人類は高山のてっぺんに到達できるのかという純粋な試みだった。だから山頂に到達できればなにをしても構わなかった。主な山頂が登られ、登山者はより難しいバリエーションルート（岩稜や岩壁）から山頂に挑みはじめた。当時の装備はつたないので、最初は細長い丸太を岩稜に担ぎあげ、岩の段差に立てかけて難所を越えた。丸太が木のクサビや鉄のハーケンに替わり、最終的には岩にドリルで穴をあけ、ボルトを打ち込むという方法にまで発展した。これを人工登攀という。この人工登攀で理論的に登れないところがなくなった。

だが、人工登攀は作業であって登攀ではないと考える人が出てきた。岩を自分の都合のいいように加工するのではなく、元々ある突起や割れ目などの岩の形状だけを利用して、自分の手足だけで登ることが「登ることだ」と彼らは考えた。これがフリークライミングのはじまりである。フリークライミングの「フリー」はフリーハンドのフリーと同じで、人工的な手段からフリーという意味である。そのまま訳すなら「素登り」になる。

岩の形状を自分の身体でなんとか利用し、バランスが取れる動きを組み立てながら登る。それは身体全体で考える創造的運動で面白かった。もし登れなくとも、岩を加工するのではなく、いったん帰って、自分を鍛えて、出直すという姿勢は、行為者にとってフェアで気持ちが良かった。そのうえ、岩はずっと原始の状態のままなので、後から登りに来たクライマーも、最初と同じように楽しむことができた(持続可能だった)。

この登ることの面白さと純粋さに触れて、私もフリークライミングにのめり込んだ。そしてあるときふと、岩だけでなく山もフリークライミングした方が面白いのではないかと気がついた。それは、なぜ岩はフリークライミングするのに、山は人工登攀のままなのだろうという疑問に近かった。

どうすれば、日本の山をフリークライミング的に登れるのかを考えたとき、出てきた答えは、ただ単純に、できるだけ人工手段からフリーな状態で山を旅するというものだった。まず、装備は最低限必要なものだけにした。衣類と靴は身につけ、寝袋、雨避けのシート、鍋、刃物とマッチと釣り具は持っていくことにした。食料は最低限の生米（一日一〇〇グラムほど）と塩と黒砂糖だけを持ち、他は山の生き物（イワナ、山菜、キノコ）で賄うことにした。

その登山は、辛く苦労も多かったが、面白かった。大きな山脈を地球の生き物として純粋に美しくフリークライミング的に旅することができた。そしてこれをサバイバル登山と名付けた。辛かったことの筆頭が空腹である。山の流れにはイワナが泳ぎ、山菜や木の実、キノコも採れる。だが、それだけではどうしてもおなかが減った。

耐えがたいほどの空腹状態で浮かんできた疑問があった。

他の人はいったいどうしているのだろうか？

現代に同じことをしている人はいない。だが、昔の山人や、日本アルプス登山黎明期の登山者たちは似たような活動を行っていたはずだ。帰宅して昔の記録を調べてみた。当時の登山者たちがどんな食料をどのくらい持ち、なにを現地調達していたのか。

まず手に取ったのが、ウェストンの山行記だった（ようやくウェストンにたどり着いた）。と言ってもウェストンの報告には、山に持っていく食料のことはあまり書いていなかった。だが、ウェストンの山登りが期せずしてフリークライミングになっていることに気がついた（現代装備がないのだから当たり前だ）。

サバイバル登山は、機械で切り開いた登山道をできるだけ利用しないように旅をする。ウェストンの歩いたルートは、そんなサバイバル登山の参考になる面白い旅が多かった。『日本アルプス登攀記』の中では、槍ヶ岳や前穂高岳はもちろん、後半に出てくる笠ヶ岳も面白い。播隆上人が開山した聖山への地元民の信仰心と笠ヶ岳を生活の場にする猟師たちの世界観（自然観）の微妙なズレを、異国人のウェストンが期せずして浮き上がらせ、しかも、ウェストンは自身が道化役になっていることに気がついていない。もしくは気づいていて、気づいていないふりをしているのか。

どちらにせよ、笠ヶ岳の市次郎や穂高岳の上条嘉門次の存在は、萌芽する瞬間を待ち焦がれていた日本近代登山のエネルギーが、押さえ切れずにあふれ出してきた感がある。ウェストンの山行記によって私の興味は、日本の山を知り尽くして、自由に歩いていた大先輩の山人や猟師たちに向かい、古道や歴史的登山（初登頂）を追体験するようになっていった。

コスプレと称して衣類や履き物や鞄まで昔と同じにしたのは、昔の装備でないと、古道や初登頂ライン、そして当時の気持ちや感覚がわからないと思ったからである。現代的な道具があれば、かつては通過できなかった難所もゴリゴリと越えることができる。すべてを昔と同じにすることで、昔の人と同じ気持ち、同じ目線で山を見て、ラインを見いだすことができるのではないかと思ったのだ。

実際に百年前の装備で山に登ってみることで感じられたことはたくさんある。もっとも強く感じたのは恐怖である。ドームテント、ゴアの雨具、ヘッドランプがないと山は怖い。ただその恐怖をウェストンや嘉門次も感じていたかはわからない。私は現代のテントや雨具や電灯の威力を知っている。その知識が私により大きな恐怖を感じさせているかもしれないからだ。

槍ヶ岳に向かう横尾本谷を溯ったときは、行き詰まるのではないかとヒヤヒヤだった。前穂高岳東面と奥穂高岳南面は一見してラインが繋がっているとは思えなかった。だが、嘉門次はクマやカモシカを追いかけて歩いた経験から、弱点になるラインの繋がりを知っていた。現代のクライミンググレードでⅢ級くらいのところもある。だが、嘉門次もウェストンもロープを付けずに、いわゆるフリーソロで難所を越えた。しかも南稜から奥穂高岳への奥穂高岳南面の初登攀行では、上高地からワンデイで往復している（かなり速い）。

そのとき（一九一二年）、ウェストンが五一歳、嘉門次が六五歳だった。ウェストンも強いが、嘉門次はある意味ではスーパー爺さんである。

嘉門次は、ウェストンによって世に知られ、歴史に残ることになったといっていい。当時の知識人が旅の記録を残すことで、人知れず存在していた天才的なアウトドアマンの姿が伝えられる、という構図は、隣国ロシアのタイガ（シホテ・アリニ山脈）にも有名なものがある。『デルスウ・ウザーラ』だ。サンクト・ペテルブルグ生まれの軍人探検家アルセーニエフの探検記で、デルスウは有名になった。また、人類史上最高の探検家と評されるナンセンもグリーンランド初横断でイヌイットの力と知恵を借り、彼らのことを詳しく記録に残している。

実はウェストンとナンセンは共に一八六一年生まれである。アルセーニエフは一一歳年下の一八七二年生まれ。嘉門次は一四歳年上の一八四七年で、デルスウは嘉門次の二歳年下の一八四九年生まれとされている。

ナンセンはスキー競技でノルウェーの代表になるほどのアスリートだった。ウェストンもケンブリッジ大学の一マイル（一六〇〇メートル）走で、大学記録をうち立てたという逸話がある。一九世紀から二〇世紀初頭は、野望と高い身体能力を持つ若者は、探検的活動を志す時代だったのではないかと私は思っている。

ウェストンは本職である牧師の務めをないがしろにして、日本で山登りに明け暮れ、本国の教会に告げ口され、文書で叱責されている。詩人の高村光太郎らの上高地滞在記には、隣に宿泊している「毛唐」から「妻が体調を崩して寝ているので、静かにして欲しい」と文句を言われたという記述がある。ウェストンの山行記と照らし合わせると毛唐がウェストンであることがわかる。ウェストン夫妻は上高地滞在中に梓川を徒渉して、夫人は身体を冷やして寝込んでしまった。二人の間に子どもはなく、フランセス夫人は後年、子宮の病気で亡くなったという。

ウェストンの登山記を読んでいた二〇年ほど前は、日本アルプスを開拓した歴史上の人物だとちょっと畏れるところがあった。だが、その足跡を辿ったり、周辺のことを知ったりするにつれ、私の中で、近寄りがたい牧師登山家は気のいい外国のおっさんに変わっていった。もしウェストンが生きていたら、二〇二四年で一六三歳になる。私にとっては曾爺(ひいじい)さんか、曾々爺(ひいひいじい)さんの世代である。ウェストンが盛んに日本の山を登ったときの年齢より、今の私の方が年上になってしまった。だからかもしれないが、ウェストンをそれほど昔の人とは感じなくなった。最近は、山好きの年寄りから、昔の登山のことを聞くような気持ちで、ページをめくっている。

ウェストンは晩年、イギリスと日本の関係が悪化していくことを憂えて、本国イギリスで日本の自然や文化を紹介する講演を繰り返した。だが、その甲斐もなく、イギリスと日本は敵対を強め、世界は第二次世界大戦へと転げ落ちていく。そんな中、ウェストンは一九四〇年にひっそりとこの世を去っている。

（はっとり ぶんしょう／登山家・作家）

[著者]

ウォルター・ウェストン（Walter Weston 1861-1940）

イギリスの牧師、登山家。アルパイン・クラブ（イギリス山岳会）会員。イギリス王立地学協会顧問、日本山岳会名誉会員。ケンブリッジ大学クレア・カレッジ、リドレー・ホール神学校で学び、聖職に就く。25歳頃よりスイス・アルプスで本格的な登山を始め、ヴェッターホルン、マッターホルン、ブライトホルンなどの登頂のほか、アイガー、ユングフラウなどにも挑んだ。宣教師として来日し、滞日は1888～94年、1902～05年、1911～15年の三度におよび、熊本、神戸、横浜に居を構えた。その間、九州の山々、富士山、日本アルプス、浅間山、妙義山などを舞台に精力的な登山活動を行い、その著書によって、日本の山々や、山村の風俗・習慣などを海外に紹介した。また、日本山岳会の設立を提唱するなど、日本近代登山史上きわめて重要な存在となっている。1937年、日本政府より勲四等瑞宝章が贈られるとともに、日本山岳会有志によって上高地にレリーフが建立された（現在のレリーフは1965年制作のもの）。1947年6月、レリーフの前で第1回ウェストン祭が行われて以来、現在まで毎年行われている。おもな著書に、『日本アルプス』『日本アルプス再訪』（平凡社ライブラリー）、『ウェストンの明治見聞記』（新人物往来社）、『Japan』（未訳）がある。

[訳者]

三井嘉雄（みつい・よしお）

1936年長野県生まれ。日本山岳会会員。専攻は登山史。著書に『黎明の北アルプス』（岳書房）、訳書に『ウォルター・ウェストン未刊行著作集』（全2巻、郷土出版社）。

平凡社ライブラリー 967

日本(にほん)アルプス登攀日記(とうはんにっき)

発行日…………2024年5月2日　初版第1刷

著者……………ウォルター・ウェストン
訳者……………三井嘉雄
発行者…………下中順平
発行所…………株式会社平凡社
〒101-0051　東京都千代田区神田神保町3-29
電話　(03)3230-6573［営業］
ホームページ　https://www.heibonsha.co.jp/

印刷・製本……中央精版印刷株式会社
ＤＴＰ…………平凡社制作
装幀……………中垣信夫

ISBN978-4-582-76967-8

【お問い合わせ】
本書の内容に関するお問い合わせは
弊社お問い合わせフォームをご利用ください。
https://www.heibonsha.co.jp/contact/

日本アルプス

登山と探検

W・ウェストン著／岡村精一訳

黎明期の日本アルプス――猟師たちをのぞけば、訪れる人もいなかった明治中頃、山々の奥深く踏破した英人牧師が鮮やかに描くひらけゆく山々。写真多数収録。

解説＝水野勉

日本アルプス再訪

W・ウェストン著／水野勉訳

一八八八年から九五年まで日本各地の山を歩き、『日本アルプス』を刊行した著者が、その後一九〇二～〇五年、一九一二～一五年と二度来日し、南アルプスを中心に日本アルプスを歩いた旅行記録。

【HLオリジナル版】

日本奥地紀行

イザベラ・バード著／高梨健吉訳

日本の真の姿を求めて奥地を旅した英国女性の克明な記録。明治初期の日本を紹介した旅行記の名作。

中国奥地紀行 1・2

イザベラ・バード著／金坂清則訳

19世紀末、小柄な老女が揚子江を遡り、陸路、漢族の世界さえ超えた地域を踏破、「蛮子」の素晴らしい世界を描き出す。当時最高の旅行作家の最後の旅行記を、バード研究第一人者の翻訳で。（全2巻）

イザベラ・バードのハワイ紀行

イザベラ・バード著／近藤純夫訳

『日本奥地紀行』で知られるバードの出世作。鬱蒼とした密林を進んで火山や渓谷を探検したり、人との出会いに心を和ませたり――150年前のハワイを生き生きと描く。